# 如來寶藏

聖嚴法師的如來藏
思想研究

# THE TREASURE OF TATHĀGATA

*A Research of Master Sheng Yen's*
*Thought on Tathāgatagarbha*

杜正民————著　釋常慧————編

# 杜師禮如來，獻嚴師寶藏

越建東

1994 年夏，個人有幸入學中華佛學研究所。不久，因上杜正民老師的佛學英文，得以第一次廣泛接觸各類國際學界之英文佛學論文，從印度佛教一路倘佯至中國佛教，從中觀、唯識，多方瀏覽到如來藏學。1998 年夏，接受中華佛學研究所的福賜，遠赴英倫深造。其後，杜老師帶著師母與女兒 Karen 小憩布里斯托城（Bristol City），給予末學和妻小諸多關懷與慰問，來訪期間，一邊品茗一面細數英國佛學研究的現況，並以其研究〈如來藏學研究小史〉之精湛工夫，悉心探詢歐洲如來藏學的研究典範。2004 年夏，學成返臺。隔年，杜老師推薦我代替其法鼓山僧伽大學的課程，教授大乘三大系概論，並傳授我許多教學精華，包括如來藏的專業資料與教材。杜老師長年愛護學子之心，始終如一，嶄露無遺。

2016 年夏，第六屆聖嚴思想國際學術研討會，杜老師邀請我參加他所主持的場次：「典藏內容之時代意

義」。他在第一天發表專題演講：〈聖嚴法師的如來藏教法與時代意義〉，甫結束，即在台下向我繼續熱烈分享以數位資料重整法師歷年有關如來藏思想的重要性，從片段、零散的「殘卷」蒐羅，到整體、一貫的「畫面」呈現，成果令人感到精神振奮。2018 年今夏，《如來寶藏——聖嚴法師的如來藏思想研究》一書的出爐，即是杜老師畢生心血投入的研究成果，其晚年之智慧結晶！

此書的非凡價值，在於杜老師的多重貢獻：以單一著作形式彙整並深入挖掘聖嚴法師對於如來藏思想的真知灼見，讓人有一覽法師全盤思路歷程之便。有了此書，後人欲做系統性探討的可能性大增。此前未見有任何著作如此清晰，將散落在各種著述中蛛絲馬跡的相關論述，串連成有年代系列、有思想發展詮解的豐富資料庫，並提出具說服力的主張，從書中第二部對法師學思歷程鉅細靡遺的呈現，即可感受。讀完不禁讚歎：知聖嚴法師如來藏者，莫若杜老師也！

再者，把聖嚴法師的思想與修行做密切結合，是另一大突破。書中第三部的重點之一，指出法師本著一貫的禪修指導精神，在如來藏的解析上產生突破性的解答：大我如來藏相當於禪修體驗到的統一心，是歷來詬

病如來藏等同梵我合一的癥結，非法師所提倡者。法師
所主張者，乃無我如來藏，相當於禪修體驗到的無心。
無心即無我，上接緣起、空性，下通清淨佛性，與佛教
諸宗同一鼻孔出氣，絕緣外道之所見。以無我如來藏對
治大我如來藏，不正可做為上述癥結的解結妙方？

　　此外，本書尚有解密揭謎之意趣。如書中第一部即
開宗明義，將「近代善知識」指涉對象之謎揭開，置聖
嚴法師的思想於近代漢傳佛教歷史脈絡之中。原來，解
如來藏評議之結的妙方，是在與印順長老等人對話的過
程中醞釀、綻放出來。尤有甚者，書中某些看似不起眼
處，卻隱藏令人驚喜之解密。例如，書中闡述法師晚年
如來藏立論根據時，注意到法師對於「宗」的看法，不
在於「學派、宗派」，而是「特指『所有一切眾生本
具的清淨的佛心』，也即是『無礙智慧心和不動的空
性』，並引《楞伽經》所說的『佛語心為宗』為其經
證」。杜老師直接建議：「這點或許也是聖嚴法師未來
立『法鼓宗』時，其『宗』的主要精神內涵。」中華禪
法鼓宗成立之後，廣泛為人所討論。其中，對於「宗」
字之解法，眾說紛紜，卻不如此處之精妙。

　　其實，更大的解密，為杜老師透視聖嚴法師將如來
藏教法轉化為社會實踐的獨到見解。甚而言之，法師將

法鼓山現在和未來的建設重任，都立基於如來藏教法的
藍圖之中。這點，與書中無數次重複強調法師認為如來
藏對於世界佛教、人間淨土皆十分重要的核心看法，是
完全一致的。若果如此，法師在大我如來藏「破偏」、
空性如來藏「顯正」的基礎上，以禪法「體悟」無我如
來藏，進而「踐行」佛性人間淨土，實在是一項條理清
晰、解行並重、體用兼顧的偉大工程。本書的邏輯，或
可依此線索去玩味。

杜老師在書末期望後來者，能夠將法師如來藏的教
法與實踐繼續往下推展，因此，我們希望此書的出版，
最起碼能夠引起更多後來者的興趣，甚至激發廣泛而深
刻的討論，不斷站在杜老師的肩膀上，為漢傳佛教眺望
遠大的未來，或許就是對作者表達敬意最好的方法之
一。筆者不揣淺陋，本此敬意，先行試法：本書的結
論，提出「化解大我如來藏的誤解與誤執，……實證不
離緣起空義的無我如來藏」思想，並以此思想，「做為
適應未來的世界佛教主軸」。然則，此解決千古難題的
妙方，若要成為漢傳佛教擎天之柱，或需面對兩大挑
戰：一者，「無我如來藏」是否是徹底的無我？二者，
「無我如來藏」如何面對以巴利三藏為主的佛教？

前者，會被追問：無我，是無了煩惱假名之我，但

是否還保留清淨佛性之「眞我」？若否，則與原始佛教的無我有何差異？若是，則逃不過梵我、神我的質疑，因爲《奧義書》中「梵」亦是眞常本淨的。何況佛教三法印中的「諸法無我印」，主張一切有爲、無爲法皆無常住不變的實體，不只是有爲法的五蘊無我，無爲法的涅槃亦無我（漢傳佛教祖師多做此說）。

後者，必然遭逢：與南傳上座部佛教之相遇。彼乃世界佛教之大宗，且被宗教學界普遍認爲是佛教的代表者（追根溯源，皆以其爲「古典」；相較之下，漢、藏佛教乃後來者），其所主張，爲純然的無我論。在實際的修行中，完全不必依靠任何清淨本體或清淨心，只要撤除我見、生起無我的智慧，即能現證毫無實體的涅槃。

話說回來，正因此二問之挑戰，反而凸顯杜老師與聖嚴法師的偉大出發點：將如來藏導向無我，是千古諍論後的新氣象！佛性爲無我，則回到佛教最根本的原則。無我論是所有源流、各式各樣佛教所共同維護的主張，因此無我如來藏可以串連起所有的佛教，做爲未來進一步融貫的根基。兩位恩師的考量與智慧，不得不令人佩服！導向無我的如來藏，在修行上將會產生重大的突破，從統一心到無心是其中最佳的範例。欲與現證涅

槃的無我修行，或與即身成佛的本尊修持，進行交流溝通，皆無問題。既可汲取為觀無我所培育出紮實止觀禪修工夫的養分，又可常觀無我而避免落入天色身的執著。這不正是漢傳佛教不偏不倚的特色嗎？

偉哉杜老師，嘔心瀝血之作，襯托出聖嚴法師的如來寶藏，散發閃耀光彩，讓眾生在暗夜中有一睹內在明星的機會。雖然法語繁星，遍布浩瀚穹蒼，幸得常慧法師與玉真菩薩，悉心繪製星象之圖，一目瞭然。拜讀之際，難掩欣喜，敬祈諸賢，恭請有緣，便來共襄參究無我如來之藏，則滿末學推薦之初衷，誠倍感榮幸之時刻也。

中山大學通識教育中心暨哲學研究所副教授

2018 年 4 月 23 日於高雄中山大學

# 如是因緣

釋常慧

2016 年 10 月 8 日，我與胡麗桂居士，坐在杜正民老師的淡水居家客廳內，偶爾遙望落地窗外一大片綠意盎然的紅樹林，更多時候，是看著杜老師瘦弱的身軀倚著沙發靠墊、眯著眼睛看我那為了省紙的縮小版講綱，同時專注聆聽他發出那沙啞微喘的聲音，手指著講綱文字為我一一詳盡地解說。快結束時，竟然扶著眼鏡、面帶笑容地對我們說：這是他這陣子不斷肝昏迷以來，頭腦最清醒、心情最開心，而且話說得最多的二個小時。可是，對我而言，這二小時卻是必須時時按捺著內心的不忍與不捨，以及深深地自責於沒有設身處地為病者著想，不僅讓老師費神地看資料，還讓老師費力地不斷回答我層出不窮、單刀直入的問題。本書付梓在即，重讀當時的錄音文字，深深感受到，若不是因著長者身教帶來的感動力量，以及於病榻前交付重責大任的使命感震撼著我、支撐著我，真不知自己如何能耐著性子，安然度過編輯本書近二年以來，重重的困境、無形的壓力與

內心漫長的煎熬。

重讀當日談話的錄音謄稿，再次確認與核對了杜老師對整理與出版此書所指示的方向，由於老師希望能以論文的形式出版成書，故全書編輯就必須盡可能朝嚴謹的學術論文格式、用字遣詞等相關規範的方向來處理。因此，老師明確指示了以下的事宜：首先是全書主要依據的資料，其次是整體的主架構，再者為依此架構下，各章節的鋪陳脈絡與內容中，所依據的資料來源之偏重與取捨。相關內容，將於下文依次說明之。

本書內容的來源，主要是依據杜正民老師對聖嚴法師如來藏思想研究中，四份相當重要的文獻影音資料，茲依時間軸分別序列於後。第一份是寫於 2012 年的論文初稿，題目為：〈聖嚴法師如來藏教法與當代實踐（I）──法師如來藏學思歷程分期之探討〉。❶第二份是 2016 年 3 月 5、12、19、26 日於聖嚴教育基金會講堂，共計四場對一般信眾的經典講座逐字稿，題目

---

❶ 本論文題目中列出（I），杜正民於論文標題下有一「說明」：依原定計畫，本研究擬分為兩期進行：1. 本文先簡述法師學思歷程的分期，以確立法師如來藏思想基礎，作為未來繼續探討法師相關思想的基準。2. 如有機會，將於第二年度再依所確立的如來藏分期思想，接續研究探討法師的如來藏教法與實踐的內涵。

爲：〈聖嚴法師的如來藏教法與實踐〉。第三份是講於 2016 年 7 月 1 日第六屆聖嚴思想國際學術研討會的專題演講，題目是：〈聖嚴法師的如來藏教法與時代意義〉。第四份則是 2016 年 8 月 1 日至 4 日杜老師最後一次面對大眾的四場講座的逐字稿。此次是應法鼓山禪堂法師的邀請，於法鼓山世界佛教教育園區海會廳，特別爲法鼓山僧眾所做的四場講座，也是杜老師在研究聖嚴法師如來藏思想後，一直很想發表卻未曾發表，有關「如來藏與禪——以聖嚴法師的如來藏教法爲例」的主題。有關如來藏與禪的重點內容已在第一、二場完整表述，而且可依此補其於 2012 年論述聖嚴法師如來藏思想歷程之第三期內容的缺漏，也因此完成他最後的心願，即是將聖嚴法師的如來藏及其禪法初步做一整合與貫通，並交付予後人能依此爲基礎，進行後續的研究與發展。然而，如何依以上四份文獻資料，彙編成一本有關杜正民老師對「聖嚴法師如來藏思想研究」完整的學術論著呢？

首先確認全書的架構，必須依 2016 年 7 月的專題演講內容的三大架構。因爲這是老師窮盡一生研究如來藏思想，以及對聖嚴法師的如來藏教法與實踐的文獻整理、分析與研究後，所做的唯一一次，也是最後一次的

學術研究成果報告，也可說是老師長期在學術領域內足以堪慰的重要貢獻，所以本書第一層的主架構，即依之分為第一部、第二部、第三部。同時也確認此三部的主題：第一部是從提出問題意識開始，也即是「近代善知識」對如來藏的批判，以及聖嚴法師對此批判的三次回應為重點；第二部則詳述聖嚴法師如來藏思想的分期；第三部是重在彙整聖嚴法師所提出的解決方案與現代實踐等相關的內容，老師最後研究成果的呈現。

再者，則是關於全書三大部的各章節內容，是否可以依杜老師於 2012 年完成的論文初稿內容，或是依 2016 年專題演講的內容為主呢？杜老師表示專題演講因為時間的要求，僅能在四十分鐘內，以非常濃縮的方式講述三大部的概略內容，而且此演講也沒有寫出完整的論文講稿，所以文字不能以之為主。至於 2012 年的論文初稿，老師表示當時只是一個初稿的整理，不僅因為內容有些缺漏與論述不完整之處、完稿後旋即出國訪問學人數月、研究重心轉變等客觀因素之外，老師更擔心若論文發表後，可能會引起正反兩方的回應，甚至影響大眾對聖嚴法師及其思想的看法，故決定暫不予發表。

原本杜老師只想透過講學將如來藏思想傳授僧伽大

學學僧，但後來發現聖嚴法師的如來藏思想相關著作是
非常好的入門教材，並能幫助學僧用於修行，例如在法
鼓山僧伽大學 104 學年度第 1 學期開設的是「如來藏」
課程，第 2 學期則是開設「法的療癒 —— 如來藏的應
用」課程。2016 年楊蓓老師也鼓勵他透過到聖基會週
六經典講座的四堂課，以及在第六屆聖嚴思想國際學術
研討會的專題演講，藉此因緣繼續進行先前的研究。

　　杜老師重新整理與分析聖嚴法師對如來藏思想的現
代詮釋與貢獻後，發現可另以對等的角度來看待印順與
聖嚴二位法師對佛教、對世界的關懷，即是以「悲心」
及「解決方案」來呈現二者同異之處。基於以上原因，
杜老師表明本書的第二部，可以 2012 年的論文初稿內
容為主，但第一及第三部，則要引用其他場合的講說內
容，以期呈現更具客觀性的論述。

　　關於本書三大部之細部章節內容的依據，經筆者在
現場手持各資料的綱目向杜老師一一徵詢、比對之下，
老師指示：本書第一部主要依據 2016 年 7 月的專題演
講的第一部分內容的逐字稿做修潤，需再加入同年 8 月
於法鼓山海會廳中所說明的印順長老對印度佛教判攝過
程及對禪宗的肯定與批判等相關內容。第二部的內容則
大多引用其在 2012 年完成的論文初稿全文，但有關分

期中第三期的內容再以其在 2016 年 8 月在海會廳的第
一、第二堂課的內容來補充。第三部的內容以專題演講
相關內容爲主，可再補充其在 2016 年 3 月在聖基會演
講第四場的演講內容或另外三個場合相關的內容。

餘者，杜老師所叮嚀的其他細部重點，已盡可能在
相關篇章中，以杜老師所用的表述文字放在適當之處，
並多以「筆者認爲」等字眼來表示杜老師的歸納、結
論、觀點、研究發現等。尤其全書的總結中，引用杜老
師的「予藥喻」，除了整理自 2016 年 3 月 12 日講座內
容外，更補充老師在 10 月居家談話中再次詳細說明的
文字。這是杜老師於 2015 年重新回到聖嚴法師如來藏
思想的研究後，體會到最能平等表述二大師的貢獻的最
佳譬喻，在編輯本書至尾聲時，深深感覺這是老師一生
研究如來藏思想的最佳結論，因此將之列在全書最後的
總結文字。

以上看似繁瑣的說明，乃基於還原與尊重作者撰述
此書的原始立意與鋪陳構思，以及編者對所編輯的內容
以示負責的態度，是以，仍需清楚詳明各章節之所依出
處與編整過程。唯因杜正民老師這四份文稿都述及聖嚴
法師的如來藏思想與實踐，內容除了會有重複的現象，
也因爲四次場合面對的對象不同、講述時身體健康狀況

不同，內容有深淺、廣狹、輕重不一的差異。在編輯過程中，比較費神的就是整合同樣的主題內容、依作者研究的脈絡放置適當的資料，重要的是能明辨何者是聖嚴法師的想法、何者是作者歸納整理後的研究發現或個人想法，並潤以論文的語境呈現。因此，在編輯的過程中，我要盡可能讓身心保持清明、安定、專注無雜念的狀態，不能被文字大海所淹沒，更不能生起一點點煩躁的心。所以，全書的文字大多是在幾次支援禪期期間完成，我的內心因此不時浮現聖嚴法師在美國紐約東初禪寺、象岡道場的禪期中，常常起早待晚地佝僂著身軀、伏案振筆疾書、完成一本又一本著作的身影。這段時間，非常慚愧於自己工夫太差，對師父的毅力與決心深感望塵莫及啊！

編這本書，實在需要太多的能力，不只是學術基礎訓練的工夫、簡練通暢的文筆，更關鍵的條件，是不背離作者研究脈絡與研究成果的客觀呈現。只能用「隨身帶」、「苦讀」、「惡補」、「勤作筆記」、「請求救兵」來形容這段整理的過程。我真的是走到哪裡就把杜老師的四份原稿資料帶到那裡，一有空檔就拿出來拚命讀，看不懂的地方趕緊找相關書籍惡補背景知識。在2017年12月完成非常粗略的書稿後，緊急央求當年的

學長、現在的中山大學通識教育中心暨哲學研究所副教授越建東老師幫忙審閱書中的論文邏輯架構與格式,並承蒙賜予推薦序。越老師更找來了以同樣主題完成碩士論文、中山大學中國文學系博士班學生黃玉真同學一起加入校稿、潤稿、審稿的團隊,她的出現宛如菩薩送來的一支神筆,將全書的標題、內文的用字遣詞修潤得更為文雅精鍊,尤其更細心比對引文、查證資料,一一校正許多細節,真是非常感激。

　　編輯期間,非常感恩法鼓文化給我最大的空間,也謝謝承恩幫忙查找杜老師引文資料的出處,更感謝禪期期間內外護團隊對我的包容與照顧、所有參與的護法居士大德,以及杜師母張雪卿女士的關懷與協助校對,真的是聚集眾因緣和合,才能成就的一本書。至於內文介紹部分,容我東施效顰地表述:「大哉妙門,至極之說!」有關聖嚴法師的如來藏思想內涵,杜老師已經說得非常完整而精彩了,我實在沒辦法再說下去了,請擺好茶席,細細品嘗本書吧!

法鼓山傳燈院研教室室主

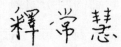

2018 年 4 月 24 日於法鼓山禪堂

# 目錄

第一部
## 聖嚴法師對近代善知識
## 如來藏批評的回應

### 第一章　「近代善知識」指涉對象

### 第二章　聖嚴法師回應如來藏批評三部曲

第二部

# 聖嚴法師如來藏
# 學思歷程分期之探討

## 第一章　本研究的重要性與研究方法

# 第四章　結論：教理基礎與分期驗證

第三部
# 聖嚴法師如來藏
# 教法與實踐

# 第一章　聖嚴法師的如來藏教法

第一部

———

聖嚴法師對近代善知識
如來藏批評的回應

# 第一章
# 「近代善知識」指涉對象

## 第一節　前言

　　聖嚴法師雖在《法鼓家風》表明「我講的禪不是如來藏」，❶卻於《自家寶藏——如來藏經語體譯釋》（以下簡稱《自家寶藏》）說：「我敢相信，適應未來的世界佛教，仍將以如來藏思想爲其主軸。」❷甚至在他晚年的力作《華嚴心詮——原人論考釋》（以下簡稱《華嚴心詮》）仍表示：「今後的世界佛教……相信還得要靠如來藏思想。」❸如果法師說他講的禪不是如來藏，爲何於《承先啓後的中華禪法鼓宗》❹小冊及其他

---

❶　講於 2003 年 1 月 10 日法鼓山僧伽大學「創辦人時間」，參見釋聖嚴，《法鼓家風》，《法鼓全集網路版》，第 8 輯第 11 冊，頁 182。

❷　參見釋聖嚴，《自家寶藏——如來藏經語體譯釋》，《法鼓全集網路版》，第 7 輯第 10 冊，頁 5。

❸　參見釋聖嚴，《華嚴心詮——原人論考釋》，《法鼓全集網路版》，第 10 輯第 9 冊，頁 273。

著作中，他又多次提到「如來藏」對法鼓山的建設、漢傳佛教及當代佛教的重要性？上述資料，如單就表面文字分別解讀，看似前後不一致，應加以說明與釐清。

為何有上述看似不一致的表明，我們可從法師2000 年就「近代善知識之中，對於如來藏的信仰，有所批評」，❺以致學人無從遵循，表達他個人對如來藏的看法與信念等部分來探討。是以擬先探究法師對「近代善知識如來藏批判」所做的回應，以了解近代大師們對近代佛教的「衰敗」與「誤解」等現象，如何賦予時代性的詮釋，甚或以之做為其教法內涵與實踐方向。

本書的第一部，先將法師對「近代善知識如來藏批評」的回應分做三部分來論述：首先探討「近代善知識」所指為何人或團體？其次，是法師對「近代善知識」的回應三部曲；最後，筆者從法師的相關著述中，試擬以其用語對先前所提問題做一解答。

---

❹ 《承先啓後的中華禪法鼓宗》一書是集合法師 2004 年至 2006 年兩年來所講的〈天台四部止觀導讀序〉節錄稿及〈承先啓後〉與〈中華禪法鼓宗〉兩篇中心稿而成。（參見釋聖嚴，《承先啓後的中華禪法鼓宗》，臺北：聖嚴教育基金會，2006 年 10 月初版）

❺ 《自家寶藏──如來藏經語體譯釋》，頁 3。

## 第二節 「近代善知識」其指涉的對象之確立

如上節所陳，聖嚴法師於 2000 年之《自家寶藏》
〈自序〉中提到：「如來藏的思想，是最受漢藏兩系大
乘佛教所信受的，雖於近代善知識之中，對於如來藏的
信仰，有所批評，認爲是跟神我思想接近，與阿含佛法
的緣起性空義之間有其差異性，認爲那是爲了接引神我
外道而作的方便說，甚至是爲使佛法能生存於神教環
境之中而作的迎合之說。」❻此文是否是針對當時國際
「批判佛教」思潮，❼所做的回應？

然而，查閱法師整部《法鼓全集》並未發現有針對
「批判佛教」思潮做任何回應或相關討論的文章，其中
《空花水月》僅提及於 1997 年爲了準備於 5 月 2 日，

---

❻ 同上註，頁 3。
❼ 「批判佛教」思潮可參見：松本史朗著，呂凱文譯，〈如來藏思想不是佛
  教〉，《法光》雜誌，第 101 期，1998 年 2 月，本文主要論點爲：若有人
  認爲如來藏思想正是佛教，或若有人還認爲如來藏思想是佛教的話，那
  麼我祈請他能夠趕快看清所謂的如來藏思想實際上就是釋尊所批判的對
  象 dhātu-vāda，虔望他能夠回歸眞正的佛教。本文結論可歸納爲下列三
  點：一、如來藏思想是 dhātu-vāda。二、dhātu-vāda 是釋尊批判的對象。
  佛教（緣起說）正是否定 dhātu-vāda。三、今日的日本佛教唯有不斷地
  否定如來藏思想，才能成爲（眞正的）佛教。

在香港中文大學演講〈中國佛教對後現代社會的回應〉時，曾提到：「惠敏法師，他告訴我有兩本書，是兩位日本青年學者寫的，他們都是駒澤大學的年輕一輩：袴谷憲昭及松本史朗。」❽雖然曾提及這兩位學者的名字外，整部《法鼓全集》的資料都沒觸及「批判佛教」的內容，更不用說回應了！❾

直至翻閱 2006 年出版的《華嚴心詮》，筆者始確認法師所指的「近代善知識」就是「印順長老」。❿法師於文中使用「印順長老」並點出長老在《如來藏之研究》中對如來藏的批判及出處：⓫

A 初期大乘的龍樹論中，還沒有明確的說到如來藏與佛性，所以斷定這是後期大乘。⓬

---

❽ 參見釋聖嚴，《空花水月》，《法鼓全集網路版》，第 6 輯第 10 冊，頁 23。

❾ 雖然《法鼓全集》共出現四個批判佛教的關鍵詞，但其用法只是說一般人對佛教的批判，並非專有名詞「批判佛教」，而法師的英文著作也沒涉及 Critical Buddhism 的討論。

❿ 本書凡提及印順長老，除原文引用外，多以「長老」簡稱之，以區別「法師」所指為聖嚴法師。

⓫ 《華嚴心詮——原人論考釋》，頁 266-268。

⓬ 「龍樹的大乘論中，還沒有明確的說到如來藏與佛性，所以這是後期大乘。」（參見釋印順，〈自序〉，《如來藏之研究》，臺北：正聞出版社，2009 年 1 月重版 1 刷，頁 1）

B 印度佛教有著悠久的傳統，沒有忘卻釋尊教法的大乘者，對如來藏的「我」，起來給以合理的解釋：如來藏是約真如空性說的，或約緣起空說的。⓭

C 印度神學中的我，與梵同體，而成為生死中的主體。在如來藏法門中，我與如來不二，依我而可以成佛，也就是眾生的主體。⓮

D 印度自有佛教以來，一貫宣說無我，而現在卻說非有我不可。「我」是印度神教固有的，現在佛法也說有我，與印度的神學有什麼差別？⓯

依上所陳，從 2000 年開始，聖嚴法師對於印順長老所判攝的如來藏思想，陸續以三部著述做回應，筆者擬整理爲法師回應印順長老對如來藏批判的三部曲。在論述此三部曲之前，需先對印順長老所判攝的印度佛教發展、大乘三系，以及中國禪宗發展的肯定與評論等相關內容，尤其是如來藏思想於其中所造成的影響做一簡要的說明，以便能在這基礎上，更清楚了解聖嚴法師回應的對象與內容。⓰

---

⓭ 同上註，〈自序〉，頁 2。
⓮ 同上註，頁 134。
⓯ 同上註，頁 136-137。

## 第三節　「近代善知識」對如來藏思想之評議❶

## 一、對印度佛教發展的分判❶

### （一）佛法期（原始佛教）

　　有關印順長老對印度佛教發展的分判，可藉由〈契
理契機之人間佛教〉文中這張圖表來理解。❶（參考
表一）

---

❶ 如來藏思想不但在印度佛教史上已有相當的發展與抉擇，中國佛教自唐
　代以來也引起諸多論諍，發展至民初，各佛學院間的法義論諍愈演愈
　烈，加以近代日本與歐美的「批判佛教」的影響，與如來藏有關的研究
　目前已有許多論著。相關文獻資料可參考：
　1. 杜正民，〈如來藏學研究小史──如來藏學書目簡介與導讀（上）〉，
　《佛教圖書館館訊》第 10／11 期，1997 年 6 月，頁 32-52。
　2. 杜正民，〈如來藏學研究小史──如來藏學書目簡介與導讀（下）〉，
　《佛教圖書館館訊》第 12 期，1997 年 12 月，頁 37-63。
　3. 杜正民，〈當代如來藏學的開展與問題〉，《佛學研究中心學報》第 3
　期，1998 年 7 月，頁 243-280。
❶ 編案：以下內容是依杜正民老師在 2016 年 8 月在金山法鼓山世界佛教教
　育園區之海會廳，為常住法師們授課的內容整理而成。
❶ 編案：本章節為杜正民老師依印順長老對印度佛教發展所做的簡介，但
　其中亦有杜老師個人的一些白話詮釋與見解。有關印順長老對印度佛
　教發展之判攝詳細的內容，可參見：釋印順〈契理契機之人間佛教〉之
　「二、印度佛教思想史的分判」，《華雨集》第 4 冊，臺北：正聞出版社，
　1953 年 4 月初版，頁 6-9、17-28。
❶ 同上註，頁 9。

表一：印順長老大乘佛法分系

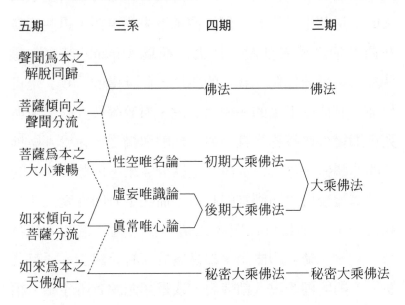

長老首先提到「佛法期」，即是早期佛陀的時代。佛陀提出了一些與當時的宗教思想潮流不一樣的觀念，其中最重要的是：無常、無我的概念，尤其「無我」的觀念成為佛教的一個重要特色。佛法中「無我」的概念是屬於緣起法，即認為沒有一個實體的我，而我們所認知的這個身心的我，事實上只是因為不同機緣所組合而成現在這個我的狀態。

這就將佛教與其他宗教區別開來，一般的一神教或是多神教，都是屬於有創始概念，不論是從「一」開

始，或是從「多」開始，認為萬物皆為造物主所創造出來的。這其中就會有一個被傳承下來的東西，這些解釋在西方稱之為靈魂說，在東方稱為 Ātman。其實，這些說法都是同樣有「我」的概念，而且這個「我」是可以被一直傳續下來的。如此之說，對於解釋人的出生與死亡即變得比較容易讓一般人理解與接受，對於人與神之間的關係，也可以很清楚地區分開來。因此，西方的宗教講死後可以回到神的身邊，而在東方印度就說「梵我合一」、小我可以與大梵結合在一起。這些「梵我合一」、「梵」的概念，都是屬於「有我說」。「有我說」，則與創始說、創造說，或是起源說有所連結。相反地，佛教談「無我」則完全沒有這些創始、起源的問題，更沒有一神、唯一的概念，進而提出一切皆是因緣組成的，以現代科學的用詞，即是用不同元素組合成現在這個樣子、形成不同的形態。因此，筆者認為在佛陀時代的教法與其他宗教相比較，其最簡單而且最核心的內涵，即是提出「無我」的概念來對治傳統中強調「我」的主體思想。

## （二）佛法期（部派佛教）

在佛陀的時代談「無我」不會有問題，因為弟子一

有疑問就可以問佛陀，即可解答弟子們或外道的疑惑。在《阿含經》可以發現，佛陀都是帶著弟子們修習「無我」的，例如「病相應」，這是佛法精要中的精要，是人們在面臨即將死亡之前，佛陀教導弟子們最簡單、最直接面臨死亡的方法，即直接從五蘊談到六根。佛陀即是在教導弟子觀無我：當你面臨病痛、死亡時，要觀察到其實並沒有一個實際造作的我，一切皆是因緣生、因緣滅的。這是當時最重要的核心思想與禪修方法。從這例子可知，在佛陀時代，大家對「無我」不會有太大的疑問。

但是，佛陀入滅一百年以後，部派佛教的時代則開始產生問題，弟子們漸漸提出不同的想法，這些想法還是不離有我與無我的問題論諍。此時，佛陀不在了、老一輩的弟子們也都不在了，有人提出質疑：「假如沒有我這個個體，我的業力是依附什麼而存在呢？究竟是誰在輪迴？外道如果在這時候來挑戰，應該如何回答？」在當時的印度，佛教只是所有宗教中的一支，而印度各宗教的思想大多是談有我的，因此就會挑戰佛教「無我」的概念。以是之故，佛教各部派就必須去解決佛陀講「無我」而產生的問題：第一是對業力的回應，第二是對外道的回應，漸漸地，在部派中就產生了犢子部

「補特伽羅」（Pudgala 意為「人」我）的概念。

簡言之，即是想要提出一個可以解決內部疑問的說法，同時也能夠回應外道的挑戰，因而開始產生對於「無我」的一些附帶說明。當時這些附帶的說明，例如承認主體的「我」可以沒有，但是組成「我」的五蘊「法」不能沒有等等相關的立論，尚不至於完全違反佛陀的根本教導。因此，在部派佛教發展過程中，占大多數的想法是堅持法「有」的部分，以此解決我的生死所依與涅槃所依的疑問，以現代語言來說，即是記憶體的儲存到底放在哪裡的問題。

## （三）初期大乘時期

佛教發展至大乘初期，即面臨需要解決部派中對無我的附帶說明。對於部派將無我說轉換成「補特伽羅」我的概念，雖然還是藉此來談無我，但是仍有一個名詞：「我」這樣的概念。對於這些漸漸遠離佛陀無我教法的現象，初期大乘時期的大師們，基於必須將部派偏離的狀態能回歸到佛陀時代，以扣緊佛陀所說的緣起法、無我的概念，開始提出了「空」的概念，於是「空」（無我）與「有」（我）開始產生了論諍。

依筆者的理解，這段歷程還是為了解決我與無我的

問題，也即是沒有「我」怎麼可能修行？修行有什麼
用？譬如我的涅槃要依什麼？另一方面，如果我不知道
要修行，那我的生死依什麼？這些才是最核心的問題。
為了要解決這樣的問題，初期大乘提倡般若空，以回到
緣起的概念。然而，般若空的發展亦產生了另外一個問
題：執空。因為「空」講太多了，漸漸遺忘了其背後的
原則：緣起法，僅執著於表相的空、現象空的部分。由
於這些問題的產生，到了龍樹菩薩提出中論的思想，
又再度扣緊初期大乘的思想，即阿含思想及早期佛陀的
教導。龍樹菩薩指出要談無我，不是加了一個「補特伽
羅」就可以解決，而是要回到事相的本質來看，也即是
自性空。所謂「自性空」，即是指現象的本質沒有一個
我，而是緣起性的，龍樹菩薩即以「自性空」的概念來
說明。

## （四）後期大乘時期

由於不斷地強調「空」，以致於產生了一些偏空、
執空的現象，「唯識」思想因而漸漸受到重視，即強調
回歸到個體的識，一切現象皆不離「識」，因此而能對
生死與涅槃的所依有了更清楚而具體的答案：阿賴耶
識。唯識的概念興起，將佛教的發展從重視「空」的思

想，再走向強調「識有」的思想，這又是一場空與有的論諍。

印順長老的《印度佛教思想史》一書中，將後期大乘分成二期，第二期即為眞常唯心論，並指出在《勝鬘經》中對生死依、涅槃依提出了最明確的答案：依如來藏。在《如來藏經》、《不增不減經》，更做了比較完整的說明。《勝鬘經》提出的「空如來藏」與「不空如來藏」概念，還是在解決我與無我、空與不空的問題，其核心仍不離「空」的觀念。其中所論議的是將現象、幻相視為空、無我，但卻提出有一樣東西不能空，即是佛的功德不能空，因為這是修行、涅槃之所依及德用。在漢譯的《涅槃經》中即提出：修行者於涅槃、成道以後，事實上還有一個功德，也即開始有「法身慧命」等等的概念出現。經中強調的是修行完成以後，不是為自己修行，而是為眾生，一再強調在行者證得涅槃以後，這修行的德用如何被呈現出來，也因此成為大乘佛法最關心的部分。《寶性論》中，亦提到「德用」的部分，一般譯之為「功德」：成佛之後的德用。

## （五）秘密大乘時期

大乘佛教開展到了秘密大乘，印順長老認為又過於

偏重「如來藏」的思想、偏於以如來為本、有一個存在的主體，漸漸走向「天佛一如」、「梵佛一如」的概念。長老即在批評密教此一走向，讓佛教又回到佛陀當時所要批判的「梵我一體」的錯誤觀念。佛教發展至此，印順長老認為又回到「有我」的現象，這才是導致佛教走向衰微、滅亡真正的關鍵因素所在。因此，空、有的問題表面上看起來似乎很簡單，事實上是又回到佛教未出現前的原點，也是印度佛教發展中必須承認的歷史事實。

## （六）小結

印順長老依大乘佛教發展的三個脈絡，分判出三大系，筆者認為即是長老提出了三個解決方案。這三個解決方案，雖然長老將三者都視為是佛教思想的發展過程，但是他以三個名相：性空、虛妄、真常而有主從、前後、高下之分判，並將「如來藏」判為後期的主要思想。

筆者認為這些分判事實上只是修行方法的偏重不同，也就是所重視的原則、理論不同。例如，談到中觀時，它的理論重在性空、「空」的本質概念。待論及瑜伽唯識時，則重在提出一個假名（識），這假名本身即

是虛妄的。後期如來藏所談的則有異於前二者,而提出
「眞常」的概念,認爲外在的事相是要「空」,即是
「空如來藏」,但是佛的功德、德用不能空,因此以
「眞常」立名。這「德用」即是成佛之後,行菩薩道、
度眾生的功能。

在大乘佛法的發展中,筆者認爲這是對不同的時期
再以當代所重視的觀念,做爲解決很多問題的主要方
法,也形成該宗所依從的法則。只是佛教發展到如來藏
思想興盛時期,這唯心的思想比較容易被視爲眞的有一
個實有的心來看待與執持,在佛教歷史發展上也產生了
問題。因此,才引發了印順長老對此現象的批判。

## 二、對多數禪宗的肯定與對部分禪法的批判

### (一) 對多數禪宗的肯定

#### 1. 禪宗非「梵我合一」之外道

印順長老晚年的時候曾說:「年紀大了幾歲,我的
記憶力也多少衰退,但在我的記憶裡,並沒有將禪宗
『歸類爲梵我合一的外道』。」❷這是他非常肯定的一

---

❷ 參見釋印順,〈《我有明珠一顆》讀後〉,《永光集》,臺北:正聞出版
社,2004 年 6 月初版,頁 225。

句話，之後昭慧法師即依這一句將印順長老的全集搜尋了一遍，也表示確實找不到印順長老曾講過「禪宗是梵我合一的外道」這樣的話。[21]依此可知，印順長老不曾把禪宗判攝為外道，或附佛外道。意即法師在三系論諍、判攝時，依然維持了禪宗在漢傳佛教的位置。

這篇文章的刊出年代，正是「現代禪」非常流行的時期，其中一些人曾批評印順長老把禪宗歸類為「梵我合一」。筆者認為這是一個很嚴重的批判，首先即是暗指禪宗是「梵我合一」，等於表明漢傳佛教走回頭路了，回到外道、回到婆羅門教。其次，那是否表示與印順長老所認知的秘密大乘佛教相類似？[22]因此，印順長老的這段聲明，至少讓禪宗有一個很重要的立足點，即是立足在整體的佛法中，而不是等同於外道的禪法，這是很重要的「標宗」部分。

## 2. 禪宗融會「楞伽」與「般若」

印順長老從歷史發展的角度，認為禪宗從初祖到四

---

[21] 參見釋昭慧，〈印順導師不曾說過禪宗是「梵我外道」──回應慧昭法師與陳英善小姐之「印順法師說」〉，《弘誓》雙月刊第 62 期，2003 年 4 月，頁 48-51。

[22] 「密教為印度佛教之後期，本於真常唯心之理論，融合婆羅門教『多神』『祭祀』『神秘』諸特質所演成者。」（參見釋印順，《佛教史地考論》，臺北：正聞出版社，1992 年 4 月修訂一版，頁 51）

祖，大部分都是以《楞伽經》爲主，實則於四祖時，已
逐漸融入般若的思想，至五祖則更爲明確，所以六祖只
是承傳了這一思想發展脈絡。因此，長老提到所謂的古
禪、今禪，或楞伽禪、般若禪之分別，將達摩與慧能相
對立的這些觀點是不對的。❷因此，印順長老其實是回
到歷史現象來觀察，並以「楞伽」與「般若」合一的角
度看待禪宗的發展與演變。

　　接著，印順長老開始討論幾個楞伽與般若合一的可
能性，認爲在《六祖壇經》裡確切將二者相結合，這是
站在歷史角度而言。在他的論證中，引用了《文殊說般
若經》的一行三昧，長老認爲「一行三昧」即是《楞伽
經》與《文殊說般若經》的融合，並且漸漸地對「摩訶
般若波羅蜜」愈來愈重視，開始加入般若的思想。❷

---

❷ 「近代學者每以爲：達摩以四卷《楞伽經》印心，慧能改以《金剛經》印
　心。因而有人說：禪有古禪與今禪的分別，楞伽禪與般若禪的分別。達
　摩與慧能的對立看法，是不對的。依道信的〈入道安心要方便門〉，可以
　徹底消除這一類誤會。」（參見釋印順，《中國禪宗史》，臺北：正聞出版
　社，2016 年 7 月修訂版 1 刷，頁 54）

❷ 「道信的時代，『楞伽』與『文殊般若』，早有融合的傾向。道信這才依
　《楞伽經》及《文殊說般若經》，成立「入道安心要方便」的禪門。可
　以說，『楞伽經諸佛心第一』，是達摩禪的舊傳承；『文殊說般若經一行
　三昧』，爲適應時機的新綜合。在禪者的悟境，這兩部經是沒有不同的
　（方便不同），但『摩訶般若波羅蜜』，在達摩禪的傳承中，越來越重要
　了。」（同上註，頁 56）

### 3. 肯定禪宗的修持方法與成就

印順長老在《學佛三要》中曾如此說:

　　中國一分教學,直下觀於圓融無礙之境,與印度
諸聖所說,多少差別。而禪宗的修持,簡要直入,
於實際身心受用,也比較得益要多些。❷⑤

　　這是印順長老對禪宗修持的肯定,相較於印度傳來
的漸修、次第的禪法,禪宗的簡要而直入人心,的確可
以讓一般人都能夠接受,而且很快速地得到身心上的
受用。

　　另一方面,長老認為禪宗讓中印文化得以相融合,
也是值得肯定的。❷⑥禪宗在印度文化傳入的基礎上,再
加入了本土的中華文化,而被稱為東方文化的精髓,
是在中國發展出來的禪,所以是值得大家重視與研究
的。❷⑦印順長老甚至認為禪宗發展到了曹溪禪,這是

---

❷⑤　參見釋印順,《學佛三要》,臺北:正聞出版社,2012 年 11 月修訂版 1
　　刷,頁 181。

❷⑥　「菩提達摩傳來而發展成的禪宗,在中國佛教史、中國文化史上,佔有重
　　要的光輝的一頁。」(〈序〉,《中國禪宗史》,頁 1)

❷⑦　「然有關達摩禪的原義,發展經過,也就是從印度禪而成為中國禪的演
　　化歷程,過去禪者的傳述,顯得疏略而不夠充分。一般所知道的禪宗,

「在中國文化史，中國佛教史上的成就，眞是一件大
事！」⑳

4. 肯定禪宗具如來藏思想的功能

　　印順長老對於禪宗與如來藏的關係，也認爲它有功
能、有效用。因爲「一切眾生有如來藏」的主張，不論
是在理論上、在修行上，長老認爲確實都可以提起修行
者的精進心，也可以讓人生起信心，這是一個很好的入
門接引，他在《如來藏之研究》說：

　　　　「一切眾生有如來藏」（性），在理論上，指出
　　　　眾生本有的清淨因，人人可以成佛的可能性。在修
　　　　行上，不用向外馳求，依於自身的三寶性──如來
　　　　性，精進修行來求其實現。這一「為人生善」的切

---

現在僅有臨濟宗與曹洞宗（閩南偶有雲門宗的名目）。臨濟義玄（西元八
六六卒），洞山本寂（八六九卒），是九世紀的大禪師。一般所知的禪宗
史籍，主要是依據《寶林傳》（撰於八〇一）而成的《景德傳燈錄》（一
〇〇四上呈），《傳法正宗記》（一〇六一上呈）等。一般傳說的禪史與
禪宗，都是會昌法難（八四五）前後形成的中國禪宗。然從印度來的
初祖達摩（五〇〇頃在北魏傳禪），到被推尊爲六祖的曹溪慧能（七一
三卒），到慧能下第三傳的百丈懷海（八一四卒），藥山惟儼（八二八
卒），天皇道悟（八〇七卒），約有三百五十年，正是達摩禪的不斷發
展，逐漸適應而成爲中國禪的時代。這是中印文化融合的禪，或者稱譽
爲東方文化的精髓，是值得大家來重視與研究的。」（同上註）
⑳ 同上註，頁281。

要方法，在宗教的實踐精神上，有著高度的價值！❷

　　筆者以為，此「為人生善」的意旨，除了表明有些人可以很快接受這種方法之外，事實上，還有更深入的意涵。若以印順長老的教判觀點，他認為這只是一個為人生善的切要法門，一方面是肯定，肯定一切眾生有如來藏，或是有佛性，這個概念是入門很重要的觀念，但是更重要的是應該要再加入空性、緣起的概念。

　　5. 策發眾生生信起修，培植佛教弘法人才

　　在《教制教典與教學》中，印順長老對禪宗在人才培育與激發道念上，也有某種程度的肯定：

>　　中國佛教能夠陶練佛門的高僧大德，培植佛教弘
>　　法人才的，在中國佛教史上，第一要推禪宗。……
>　　禪者善能激發各人的道念，發心為生死大事而勵力
>　　參究。❸

　　此觀點相對於唯識所提的「一闡提不能成佛」，的

---

❷　《如來藏之研究》，頁 130。

❸　參考釋印順，《教制教典與教學》，臺北：正聞出版社，2000 年 10 月新版 1 刷，頁 144。

確易讓人生起信心、生起修行的動力。亦即不論是在哪一世可以成就，但只要起了信心、願意去做就有可能，這是非常不同的見地。對於印度種姓中最低階層的首陀羅或賤民而言，在傳統的婆羅門思想中，他們不論如何地努力，但一世又一世的輪迴中還是永遠處在最低的階層。然而，如來藏的思想，立意即是希望把這些層次往上拉平，強調眾生是平等的，是不應該被歧視的。因此，它在印度的確是打破種姓制度一個很重要的概念，而這個概念傳到中國，也很容易、很快地被中國所接受，佛性如來藏的思想在中國就普遍地傳播出去。

## （二）對禪宗部分現象的批判

### 1. 覆蹈小乘急證之心

印順長老對禪宗部分的現象，還是有一些批判。事實上，他也是承續著太虛大師的觀點：在當時的佛教界，有些修行人是為個人的解脫，不是為了行菩薩道，亦即在當時的中國佛教界，修行風氣多是呈現出小乘的心態。

（太虛大師）為了誘導中國佛教，尊重事實，由人生正行以向佛道，不惜說中國佛教的修行是小

乘。大師那有不知參禪、念佛，是至圓、至頓、至簡、至易的究竟大乘呢！❸

這也是漢傳佛教中長期存在的兩難問題：我到底是要先個人解脫，還是要同時行菩薩道，爲眾生而修行？印順長老承接著太虛大師這樣的批判，也認爲漢傳佛教即是標榜大乘，換言之，是大乘行者就不能有朝向小乘急證的態度：

> 問題在：入世、利他、無所不施──這些問題，在凡夫面前，即使理上通得過，事上總是過不去。由於圓頓大乘是小乘急證精神的復活，所以方便的稱之為小乘行，策勵大家。這真可說眉毛拖地，悲心徹髓了！❸

太虛大師生於清末民初混亂的時代，正值佛教衰敗的世代，不得不以初心凡夫的心境，來弘法救僧。大師的思想孕育於中國傳統，更是深入於斯──圓頓大乘，

---

❸ 參考釋印順，《無諍之辯》，臺北：正聞出版社，2000 年 10 月新版 1
刷，頁 190-191。
❸ 同上註。

然而爲了回應當代、爲了弘法救僧，他知道圓頓的理論
與辦法，已無法符應當代的需求。因此，他於民國十七
年講〈人生佛學〉時說：「大乘有圓漸圓頓之別，今以
適應重徵驗，重秩序，重證據之現代科學化故，當以
圓漸之大乘法爲中心。」❸又於民國十七年講〈佛陀學
綱〉，說學佛的「辦法」，是「進化主義——由人生而
成佛」。❹主張直探大乘的眞意義，宣揚由人生而成佛
的菩薩行。誘導當代的中國佛教，由人生正行以趨佛
道，不惜說中國佛教的修行是小乘。大師豈有不知凡是
於圓頓大乘，其實還得痛下工夫，全心全意，爲成佛得
大解脫而精進，如此一來，當然是一意專修，決不在事
相上費力。因此，中國佛教的教理內容是大乘爲宗，然
而中國佛教的修行，太虛大師方便的稱是小乘行，其實
這正是最大乘的修行。足見這是一代大師的悲心！

## 2. 未掌握禪宗之宗旨

另一方面，印順長老對於禪宗最後走向以「即心即
佛」、「立地成佛」的目標，也頗有微詞，認爲這也是
如太虛大師所說的阿羅漢自了生死的小乘心態。

---

❸ 同上註，頁 190。
❹ 同上註。

中國禪宗，……依（太虛）大師的論判，「附屬
於第一期」。的確，「大事未明，如喪考妣」的急
證傾向，清淨無為的山林氣息，都與聲聞乘大同。
而禪者坐亡立脫的作略，與阿羅漢自在捨壽的風
格，也極為吻合。❸

但是，印順長老也肯定禪宗裡仍有一些真正掌握大
乘精神的修行人，例如：百丈懷海、永明延壽，以及一
些居士，他覺得應該恢復與學習這些大師的修行態度。

禪者雖大抵近於「依聲聞行果而趣向大乘」，但
「由了達人生三真相，歸佛法僧，信業果報，修十
善行，厭取作，捨壞苦，以階進佛乘者。」……中
國之少數禪師，若百丈、永明，及少數居士，若龐
蘊等，頗得其真。然居極少數人，而為我今所欲極
力提倡的。❸

對於印順長老而言，大多數的禪者雖未能掌握禪宗

---

❸ 參見釋印順，《華雨香雲》。臺北：正聞出版社，1973 年 8 月新版 1 刷，
　　頁 328。
❸ 同上註。

之宗旨，標榜大乘卻依持小乘聲聞行果，然而仍有若百
丈懷海、永明延壽，及若龐蘊這樣的中流砥柱堪為表
率的。

### 3. 失去陶冶僧才的本質

印順長老對禪宗有批判、也有肯定。長老所批判的
是，禪宗發展到最後，它的標的與方法走錯了方向；對
禪宗的肯定是，我們應該回歸到禪宗真正的宗旨。當時
的這些批評，以現代二十一世紀的佛教發展來看，其實
已經有很大的改善，但是在清末民初時期，佛教子弟為
了營生、為了生存，夜夜趕經懺，而不是在修學佛法。
少數修行人卻僅為自了生死，都不是大乘菩薩行的為度
眾生、為利益社會，這的確是當時最為人所垢病之處。

因此，印順長老才會批評：「佛法到了近代，衰微
不堪。禪宗失去了以禪為中心、陶冶僧才的本質。」甚
至覺得禪宗的禪風無法保持、禪堂的制度變質了。

禪寺的住持們，都以問事為目的。監院職事們，
好像全寺大眾的統治者。有的專意修建，有的專心
應赴。發心修學的清眾們，精神失去了依託，所以
佛門禪風不能保持，禪堂的制度一切皆變了質。㊲

禪寺成爲問事之地，專營外務，禪堂人事制度也未
盡司其職，難怪印順長老對此憂心，認爲失去了禪的宗
風、陶冶僧才的本質。

4. 禪宗有「眞我論」與「數典忘祖」之虞

印順長老在《無諍之辯》中，更進一步指出禪宗不
只是眞常唯心論，更是「眞我論」：

> 禪者說法，切忌肯定，所以觸著即犯，向背俱
> 非。總是問有以無對，問無以有對，出沒不定。而
> 實骨子裡，不但是真心論，還是真我論。❸

歸結以上所列，印順長老說禪宗骨子裡，不但是眞
心論，它還是眞我論，從文字即可感覺到他把禪宗的狀
況批判得非常嚴重。另一方面，也提到禪宗道流南土，
多少融攝空宗之方法，日子一久，不免數典忘祖：

> 後來，《楞伽》「不為正系禪宗所依用」，決非
> 因為「禪宗之成立，起自實相論系什公傳來三論而

---

❸ 《教制教典與教學》，頁 146。
❸ 《無諍之辯》，頁 173。

發達」，只是道流南土，多少融攝空宗之方法而
已。日子一久，不免數典忘祖而已。❸

印順長老認爲禪宗流傳南土後，在融攝空宗之際，
有邯鄲學步之虞，未掌握到空宗之精髓，又忘失自家寶
藏——楞伽宗義。

## （三）結語：禪宗是「真常唯心論」

既然印順長老說他批判禪宗的部分，並不是指其爲
梵我的外道，從以上諸多例子也可看出長老對禪宗有肯
定，也有批判，真正核心的問題在哪裡呢？筆者以爲印
順長老認爲問題出在如來藏。

禪宗的最終目標在「明心見性」，這「明心見性」
就是從如來藏的角度出發。對此，印順長老提出「禪宗
本爲真常唯心之禪」的判攝。❹長老以《六祖壇經》的
內容，做爲其論證的依據，例舉如下。

---

❸ 同上註。
❹ 「天臺宗，源本般若、中觀之禪。……華嚴宗，源本《華嚴》（十地）唯
心之禪。……禪宗，達磨傳於北魏者本爲真常唯心之禪。淨土宗，東晉
廬山慧遠，……而實念佛特重於禪觀。」（參見釋印順，《佛法是救世之
光》，臺北：正聞出版社，2000 年 10 月新版 1 刷，頁 121-122）

對於「明心見性」以「眞常心」所做的解釋：

　　即心即佛之心，是體離斷常，迥絕名相之真常
　心。凡夫若欲契入，必須從遠離分別戲論而入，所
　以說無心。從此得入，透出妄識牢籠，便是真心即
　真性之全體呈現，即是契入即心即佛之佛心──佛
　之知見。此之謂明心見性。❹

　　從長老引用的經文來看，禪宗就是必須提到有一主
體的「眞常心」，才能去解釋「明心見性」所見的性即
是此「體離斷常、迥絕名相之眞常心」。所謂的「自
性」，印順長老更引用了《壇經》經文來進一步加強禪
宗的「眞如」特性：

　　般若常在，不離自性。悟此法者，……即是真如
　性。用智慧觀照，於一切法不取不捨，即見性成佛
　道。……自性心地，以智慧觀照，內外明（原作
　「迷」）徹，識自本心。若識本心，即是解脫。既
　得解脫，即是般若三昧。❹

---

❹《無諍之辯》，頁 174。

　　綜上所述，印順長老在不同的論著中的確引用了不少經文內容，不斷論證他的見解：禪宗就是唯心論、就是眞常心。❷他所批判的如來藏眞常唯心論中，更指出：既便有些禪者提了幾句空、中觀、般若，不能就此排除在唯心論之外。他提出經證指出這些人談空觀的背後，都是在講眞常心、都是在講佛心、佛性，「禪者是唯心論，而且是眞常唯心論，切勿以禪者少分遮詮之語句而疑之」，❸再次地提醒世人，不要把兩者混在一起。

　　筆者認爲以上印順長老對禪宗的批判，其總結就在這一句話。長老所批判的即是禪宗以如來藏爲宗旨，即便發展至六祖的《六祖壇經》中，已經開始把般若空觀思想加入，但長老認爲那只是修飾，不是眞正實際地運用。

　　以上所整理的印順長老有關於禪宗的肯定與批判，

❷　引自《大正藏》第 48 冊，頁 340a-c。(《中國禪宗史》，頁 360)

❸　印順長老也在《無諍之辯》〈禪宗是否眞常唯心論〉174 頁中提出：「疑者見禪宗之脫落名相，體露眞常，以爲不是唯心論，舉一些文句爲證。我不妨也引證幾句，證明禪宗爲千眞萬確之唯心論。」

❹　「佛法中任何唯心論，莫不歸結於境空心寂，超越能所對待之自證。故撿拾少許心亦不可得等語句，以爲非唯心論，實屬不可。」「禪者是唯心論，而且是眞常唯心論，切勿以禪者少分遮詮之語句而疑之！」印順長老於 1953 年 6 月 15 日，寫於香港。(同上註，頁 172、174)

筆者原則上同意印順長老對禪宗沒有惡意，但是他有分高低，他的高低即在於禪宗往下走到了「如來藏」的思想。印順長老曾講過一句話：「如來藏，是說來淺易，意在深徹。」長老非常清楚他所批判的如來藏，事實上不是「如來藏」本身，而是在於後人將如來藏的淺化與誤用。關於以上印順長老的諸多論述，聖嚴法師則有非常不一樣的觀點，並以其長期指導禪修的實務經驗，一一回應印順長老對禪宗的核心思想——如來藏，所做的批判，以及提出其獨特的解決方案。關於法師的這些立論、解決方案等，將於本書的第二及第三部做專文的闡釋。

# 第二章
# 聖嚴法師回應如來藏批評三部曲

　　聖嚴法師先後於 2000 年至 2006 年，透過三部著述回應印順長老對如來藏的批評。首先，在 2000 年 1 月 22 日，於「印順思想：邁向二〇〇〇年佛學研討會」發表一篇專題演講：〈印順長老著述中的眞常唯心論 —— 我讀《大乘起信論講記》〉，法師非常肯定印順長老的說法，並爲印順長老辯駁。其次，在 2000 年 6 月 19 日於紐約象岡道場撰《自家寶藏》序文中，法師開始點出問題，而且提出個人對如來藏的看法，做爲解釋印順長老對如來藏的一些批判。其三，在 2005 年 6 月 29 日於紐約象岡道場撰《華嚴心詮》，文中不但點出問題，也提出經證回答這些問題，不只是辯駁，更非常務實地提出了解決方案。以下將逐一引其論述做一簡要說明。

## 第一節　首部曲：2000年肯定印順長老之治學態度

　　聖嚴法師在出席此研討會中，以論文〈印順長老著
述中的眞常唯心論──我讀《大乘起信論講記》〉肯定
印順長老的說法，❶同時也提出以下的見解。

## 一、爲印順長老辯駁

　　聖嚴法師在論文中，說明「印順長老的佛學思想」
時，提到一般人對長老的種種議論：

　　　由於他將印度大乘佛教，分為中觀、唯識、唯心
　　的三大系，名為性空唯名，……虛妄唯識，……眞
　　常唯心，……他指出中國佛教除了三論、唯識，幾
　　乎都屬於第三期的眞常唯心系統，就認為他貶低了
　　眞常思想，也看輕了中國佛教。……對於他的種種
　　誤解，有的形之於文字，有的僅在口頭議論傳言。

---

❶ 參見釋聖嚴，《學術論考II》，頁 5-23。另可參見〈印順長老著述中的眞
　常唯心論──以《大乘起信論講記》爲主〉，《中華佛學學報》第 13 期，
　2000 年 5 月，頁 1-12。本文刊登於《中華佛學學報》時，副篇名爲「以
　《大乘起信論講記》爲主」。

其實他是無辜的。❷

　　針對這些議論，聖嚴法師爲印順長老辯駁，認爲應該要清楚長老的目的，是「希望爲兩千數百年來的佛教作一番正本清源的工夫，希望爲後起的學佛之士，不要以訛傳訛，不要籠統漫汗、人云亦云地糟蹋了佛的正法，以致於引生諸多的誤解」。❸

## 二、肯認印順長老的治學方法

　　在同一篇論文第四小節「《大乘起信論講記》的特色」中，聖嚴法師剖析智旭、太虛及印順三位大師對「眞常唯心論」的立論角度，提及印順長老不同於二位大師之處：「印順長老則從佛教的發展史，各期聖典的成立史，以及各系佛教的地域分布史來探討問題。」因此提出：「希望大家不要硬把不同時代背景，不同地理背景，不同思想文化環境中發展出來的各種特色特性的佛法，打和成爲一個局面的思考模式，那就會迷失了佛陀的本懷，模糊了佛法的本義。」進而說明印順長老的

---

❷ 《學術論考II》，頁 6-7。
❸ 同上註，頁 7。

治學方式：

> 印老探索問題，是採用循葉得枝，循枝得幹，循
> 幹見根的方式。……印順長老處理真常唯心論，是
> 站在循末見本的角度，他不會否定此一系的佛法，
> 更不會認為那是寄生於佛教的外道。❹

　　從印順長老的治學方式而言，聖嚴法師認為印順長
老站在循末見本的角度來處理真常唯心論，這一點是對
的，因為印順長老的確沒有否定「真常唯心論」此一系
的佛法，他只是認為不是究竟法而已。

## 三、肯定印順長老的治學態度

　　在為印順長老辯駁、肯認其治學方法之後，最後法
師再次肯定長老的治學態度：

> 印老的目的，便是假借講說《起信論》的因緣，

---

❹ 所謂「循葉得枝，循枝得幹，循幹見根」是指：「在熱帶雨林中的一棵
　千年萬年的大樹巨木，枝葉繁茂，都在同一棵樹上長有各種形態的枝
　葉、花草、藤蔓，若不小心探研，就可能將寄生在樹幹、樹枝上的其他
　植物，當作樹的本身了。」（同上註，頁 15-16）

把真常唯心論的佛法，自成一系的條理出來，點明它的來龍去脈，不用籠統和會，不必擔心發現了諸系法義的互相出入而會讓人感到懷疑不信。這也正是歷史的方法論，所表現出來的治學態度及其可信的成果。❺

　　聖嚴法師認為長老做學問確實是很嚴謹的，而且所研究出來的結果是可信的。亦即是不混雜，不會把很多的思想脈絡混在一起，是條理非常清楚的治學態度。

　　於此時期，筆者認為法師對長老的治學態度及研究方法從來沒有懷疑，也沒有任何的批評。在此論文中，法師對於長老的種種說法，以及「真常」的學說，是抱持肯定的態度，也沒有提出不一樣的看法，應是重在辯駁種種對長老的評議，並重申長老是「無辜」的。

## 第二節　二部曲：2001年提出問題及看法

　　2001 年出版的《自家寶藏》，從聖嚴法師於〈自序〉及註解中可以看出其撰述本書的目的，是為了法鼓

---

❺　同上註，頁 16。

山的建設與開展，而且與如來藏系統有密切的關係。法師於序中雖也再次肯定印順長老的研究「有其資料的客觀性、有其剖析的正確性」，但法師更進一步表明「我更相信如來藏思想，並不違背緣起性空，而具有其寬容性」的個人看法。以下即逐項整理聖嚴法師的回應論點。

## 一、如來藏絕非是梵我、神我

聖嚴法師在《自家寶藏》〈自序〉的第一段即提出近代善知識之中，對如來藏的信仰，有所批評，認為是跟神我思想接近，而與原始佛法的緣起性空有差異，是為了接引神我外道的方便說，甚至是為使佛法能生存於神教環境而作的迎合之說。針對這個論點，法師提出其回應如下。

首先表明如來藏絕不是如善知識所說的是神教的梵我、神我的概念，而提出：

> 有了無我的智慧，便見佛性，見了佛性的真常自我，是向凡夫表達的假名我，並不是在成佛之後，尚有一個煩惱執著的自我；那也就是《金剛經》所說的：「無住生心」的一切智心，絕對不是神教的

梵我神我。❻

也就是說，其實你只要「見了佛性的真常自我」，這句話是向凡夫表達的假名我，並不是在成佛之後還有一個煩惱執著的自我。這是對神教所謂的梵我、神我所做的回應，並引《金剛經》所說的「無住生心」為例證。

## 二、如來藏可連接緣起性空之源且貫通究竟實相

關於印順長老對如來藏有違緣起性空這個論點，聖嚴法師於〈自序〉中表示：

我敢相信，適應未來的世界佛教，仍將以如來藏思想為其主軸，因為如來藏思想，既可滿足哲學思辨的要求，也可滿足信仰的要求，可以連接緣起性空的源頭，也可貫通究竟實在的諸法實相。❼

聖嚴法師一再強調如來藏思想是不違背緣起性

❻ 《自家寶藏——如來藏經語體譯釋》，頁5。
❼ 同上註。

空，❽並且還可以與其源頭連接，甚而可以貫通究竟的諸法實相。於義理辨析釐清，於其德用的部分強調適應未來的世界佛教，仍將以如來藏思想為其主軸，由此證明如來藏思想可滿足哲學思辨的要求以及信仰的要求。

## 三、真常唯心系確有阿含佛教的基礎依據

法師於 2000 年初提出有關真常唯心系的佛教，有阿含佛教的基礎依據：

> 發展的佛教，就是從根本的、原始的法義基礎上開展出來，不可以說不是佛世的產品就不是佛法，其實發展後的大乘精神，更能顯現出佛陀積極救世化世的本懷。真常唯心系的佛教，雖屬於後期大乘，但它確有阿含佛教的基礎依據，也有南方大眾部分別說系的基礎，也有經量部譬喻師的影響，印老也特別指出，《起信論》受有錫蘭佛教《解脫道

❽ 聖嚴法師在《自家寶藏──如來藏經語體譯釋》第 5 頁中，一直強調如來藏思想，並不違背緣起的空義，他說：「佛性、如來藏、常住涅槃等，其實就是空性的異名。佛為某些人說緣起空性，又為某些人說眾生悉有佛性，常住不變，但是因緣法無有不變的，唯有自性空的真理是常住不變的。」

論》的影響（《講記》一七三頁）。❾

　　聖嚴法師就佛教的發展史而言，肯認大乘精神回歸佛陀積極救世化世的本懷，藉以說明屬於後期大乘的真常唯心系的佛教，確有阿含佛教的基礎依據，並以印順長老於《大乘起信論講記》特別指出《起信論》有受錫蘭佛教《解脫道論》的影響為例。

　　此時期，聖嚴法師雖提出「善知識」及其對如來藏批評的內容，但法師沒有直接指明「善知識」是誰，只是針對與如來藏相關的批評提出個人不同的看法與回應。

## 第三節　三部曲：2006年提出經證與解決方案

　　聖嚴法師 2006 年的晚年力作《華嚴心詮》為其學術論著中，對如來藏思想詮釋最多也最明確的重要著述。❿法師於〈自序〉及註解條目中可以看出撰述本書

---

❾ 《學術論考 II》，頁 16。

❿ 〈自序〉：「《原人論》是一部大格局、大架構的佛學導論，論主撰寫它的目的，是對儒、道二家、佛教的人天善法、小乘法、大乘的法相宗、中觀學派，一一評論，逐層引導，最後攝歸於直顯一乘的佛性如來藏；乃

之用心，甚或可說是藉由註釋來表達其晚年的中心思想。下文即依此書中，法師於如來藏思想的經證及詮釋，做為其晚年對印順長老相關思想的回應，以及提出其個人具體的解決方案。

## 一、提出經典論證

　　針對印順長老認為：「印度神學中的我，與梵同體，而成為生死中的主體。在如來藏法門中，我與如來不二，依我而可以成佛，也就是眾生的主體。」⓫以及：「印度自有佛教以來，一貫的宣說『無我』，而現在卻說非有我不可。『我』是印度神教固有的，現在佛法也說有我，與印度的神學有什麼差別？」⓬聖嚴法師在《華嚴心詮》第四章「直顯真源」做的回應是：

　　　　為了解答這個疑問，《大般泥洹經》卷五，也提

---

是會通世間出世間的各派宗教、各派哲學、各派佛教的差異點，而成其一家之說。……逐章逐節分別閱覽總計九十七條的考釋，這是我花費時間和心力較多的部分，除了對於名相語句的解釋，主要是考查其出典、申論其義理、照顧其前後文義，反覆指出《原人論》的宗旨所在。」（《華嚴心詮——原人論考釋》，頁 6-7）

⓫ 《如來藏之研究》，頁 134。

⓬ 同上註，頁 136-137。

出説明：「除世俗我，故説非我方便密教，然後為
説如來之性，是名離世真實之我。」（大正十二，
八八三下）事實上還是主張有一個真實的我，非我
之説是方便密意説。而此一真實我，不知跟印度的
神我，又有多少差別？至少是個混淆不清的問題。❸

　　聖嚴法師提出了經證，指出不但印順長老有疑問，
在古德之中也會提到這種所謂「方便密教」，就是像如
來藏這一類的説法，會不會讓人誤解有一個「我」的概
念？所以這種混淆不清的疑問自古以來就出現了。之
後，法師進一步指出在《楞伽經》對這問題，已經有相
當精彩的辯解：

　　大慧菩薩問：「云何世尊，同外道説，我（佛）
言有如來藏耶？」
　　佛告大慧：「我説如來藏，不同外道所説之
我。……大慧！未來現在，菩薩摩訶薩，不應作我
見計著。……開引計我諸外道故，説如來藏，令離
不實我見妄想，入三解脱門境界。……如來之藏，

---

❸ 《華嚴心詮──原人論考釋》，頁268。

若不如是，則同外道所說之我。是故大慧！為離外
道見故，當依無我如來之藏。」⓮

　　依聖嚴法師接下來的釋義，指明佛所說的如來藏不
是一般外道講的有一個我的實體，這只是方便說，主
要是為了對治、開引計我諸外道，而對他們說「如來
藏」，讓這些外道從如來藏入門之後，可以有機會轉
入佛門、入三解脫門的境界。否則，這些計我諸外道將
永遠陷在「我」的困境裡，因此要教他們依「無我如來
之藏」，能使他們脫離外道知見。所以，聖嚴法師依
此經證，提出佛說的如來藏是「無我的如來藏」。⓯這
個由如來藏引發的大問題，是不是就此解決了呢？當然
沒有：

---

⓮　同上註，頁 268-269。
⓯　全文如下：「這是說，在楞伽會上請法的大慧菩薩，對於佛言有如來
　　藏，存有疑慮，擔心此說會與印度教的神我或梵我思想沒什麼差別了。
　　佛的釋疑，則是要告知大慧菩薩，勿將如來藏看作外道的神我，佛是宣
　　說三解脫門的，以及宣說實際、法性、法身、涅槃等，是離自性、不生
　　不滅、本來寂靜的。至於為何要說如來藏？只因為了開示引導那些計我
　　執我的諸派外道，所以說有如來藏，目的是使令他們脫離虛妄不實的我
　　見，而進入佛法的三解脫門，乃至成佛，依此能使他們脫離外道知見，
　　所以說的是無我的如來藏。」（同上註，頁 268）

問題不是由於《楞伽經》如此一說就能解決的，千百年來的漢傳佛教主流諸宗，也就是持續依靠著佛性如來藏的思想信仰而生存發展下來的。其主要原因是如來藏我的思想，富有極廣大的適應性和消融性。⑯

進而，聖嚴法師又說：「但是，如來藏與印度教的神我或梵我之間，是同是異，已從印度諍論到了中國，諍論到了現代。」⑰

## 二、提出解決方案

聖嚴法師雖然說這樣的諍論自印度到中國，乃至延續到現代，但法師接著又提出一些經論中引用如來藏思想的例子，呈現如來藏思想的適應性與消融性。是以，為了解決印度佛教發展史上「我」與「無我」的論諍，除了依傳統溯源的陳述方式，法師認為也可以用不一樣的角度來看待。因此，聖嚴法師於《華嚴心詮》第四章提出了不妨採用「層次化的教判方式」，也即是從整個

---

⑯ 同上註，頁 269-270。
⑰ 同上註，頁 266。

歷史演變的角度來看待印度佛教的發展。

首先提到歷史上，基礎的佛法一般是以《阿含》為代表，法師說：

> 基礎佛法是素樸的《阿含經》所說四聖諦八聖
> 道，是主張無常、苦、無我、空的，並以常、樂、
> 我、淨四法為四顛倒。⓲

如來藏的德用與常、樂、我、淨是相同的，這樣的話是否就與基礎佛法《阿含經》有所違背了嗎？其實不是，法師繼續往下一層次分析：

> 初期大乘佛教出現了《般若經》及《中論》，出
> 現了《解深密經》及《唯識》的一系列論書，主張
> 無自性、自性空、三性三無性，乃是由基礎佛法的
> 緣起無常觀的積極開展而來。

> 這些中觀、唯識系統開始主張無自性、自性空，或
> 唯識的三性、三無性等都是從基礎佛法開展出來的脈

---

⓲ 同上註，頁272。

絡。而進入到後期大乘，法師認爲其更是以無我的空性
爲基調，也就是以空義的佛性及無我的如來藏爲出發。

　　後期大乘佛教更出現了真常、真我、真心、真
　　性，即是佛性如來藏的真如觀及法界觀，是以無我
　　的空性為基調，亦是以空義的佛性及無我的如來藏
　　為出發，為了「開引」諸派執我的外道，令使認同
　　佛法、歸向佛法的無我，故說有真常的真我、不真
　　空的佛性如來藏。❿

　　關於聖嚴法師三層次的教判方式，筆者覺得這樣比
較不會斷章取義地只是說這是屬於後期的，而只歸類
爲後期，因爲思想是一直在演化的，有後期一定是有
中期、有源頭，我們應該要從整體的歷史發展脈絡來
看待。
　　此時期，聖嚴法師已於《華嚴心詮》中，直接提出
「善知識」即是印順長老，並對長老所提及有關如來藏
的一些評議，一一做出回應。筆者認爲晚年的聖嚴法師
對法鼓山的建設、精神核心內容，必須做一明確的定

─────────────

❿　同上註，頁 271-272。

位，尤其在明立「中華禪法鼓宗」之下，如來藏思想的具體內容與深徹內涵就要清楚地釐清與判攝了。

## 第四節　結語

從上述論及近代善知識對印度佛教發展、大乘三系的判攝、如來藏思想的影響，以及聖嚴法師對其回應之過程中，不難發現當時代的大師們對佛教的發展、興衰等現象非常地關心，並積極地提出適應當時代的對治方法與解決方案。

本書第一部，筆者主要是先從印順長老對如來藏的批判，再看聖嚴法師提及他所教的禪，並非是印順長老所批判的如來藏，同時，也依法師提出的一些經證、禪法，做為他的解決方案與判準法則。歸納而言，聖嚴法師認為如來藏對當代社會在實踐與日用的重要性，有其未來性與世界性，亦即未來還是要靠如來藏。

因此，本書論述的緣起，與印順長老的批判有關，與現代學人對如來藏的誤解有關，筆者認為聖嚴法師一生投注非常大的心力於其教法與法鼓山的創建，事實上都是在解決這些問題。故，筆者擬回歸前言中所提的一些問題，在此虛擬聖嚴法師的第一人稱用語，一一回應

「善知識」、印順長老對如來藏的批評如下。

> 「是！對！您講的有道理，您對如來藏的批判真
> 是針針見血，您的研究是有其資料的客觀性、有其
> 剖析的正確性，但我教的禪法不是您所批判那樣的
> 如來藏。也就是說，我不是您所批判的大我的如來
> 藏，而是它可以串接原始教法的『空性的佛性』，
> 也可以貫通諸法實相的『無我如來之藏』。而且，
> 以我個人依據印度與漢傳佛教這兩千多年來對如來
> 藏的了解與經證，以及自己多年在海內外教禪的經
> 驗、體驗與體會，我不但知道如來藏對法鼓山的建
> 設、對漢傳佛教及當代佛教的重要性之外，我更相
> 信今後的世界佛教還得要靠如來藏思想。因為要有
> 一個國際性的橋樑、國際性的溝通，如來藏是一個
> 最好的溝通方式。」❷

關於此回答所言及與法師「無我如來藏」教法相關
的演變與成熟過程等，筆者將於本書第二及第三部，進

---

❷ 這段回應看似筆者虛擬的一個答案，事實上都是摘自聖嚴法師的相關著
作，例如：《自家寶藏》、《法鼓家風》、《華嚴心詮》、《承先啟後的中華禪
法鼓宗》等，並湊合起來回答的。

一步鋪陳聖嚴法師如來藏思想之分期、內涵、立論特
色,以及其晚年成熟之教法內容與實踐,以呈現法師如
何在適應大環境的變遷中,保有原始佛法的核心思想與
教義,同時又能開創與實踐其獨特的如來藏教法。本書
最後,從近現代佛教的時空因緣角度,再度展現大師們
的悲心願行。

第 二 部

聖嚴法師如來藏
學思歷程分期之探討

# 第一章
## 本研究的重要性與研究方法

## 第一節　緣起

　　聖嚴法師晚年於《承先啟後的中華禪法鼓宗》中多次提到「如來藏」對漢傳佛教，以及對當代佛教的重要性。❶可見，對法師而言，「如來藏」與中華禪法鼓宗、漢傳佛教的確有著重要的關係。然而，如來藏是什麼？聖嚴法師的如來藏思想、教法內容又是什麼？尤其，法師也提到：中國這個漢民族，乃至今天這個世界的大多數人也是一樣，對於如來藏思想是比較容易接受的。甚至說：我敢相信，適應未來的世界佛教，仍將以如來藏思想為其主軸等等，不斷提到如來藏思想的適應性、包容性、普及性等，足見法師十分重視如來藏

---

❶ 〈承先啟後〉一文為聖嚴法師於 2006 年 2 月 21 日講於法鼓山園區「僧活營」，於此短文中法師用到「如來藏」一詞共計十一次，而彙整成冊的《承先啟後的中華禪法鼓宗》小冊則總共提到「如來藏」計三十次之多。

思想。

　　如是種種，法師雖然著作等身，但卻無專文討論他
個人的如來藏教法與實踐，更遑論有專書討論其如來藏
思想，因此亟需將其相關資料做一整理，以做為引導學
人進行當代實踐與應用之參照。是以，筆者不揣淺陋先
行拋磚，以期引玉，以啟更多學人深入研究法師的如來
藏思想、如來藏信仰、如來藏教法與實踐，以圓滿法師
「在承先啟後的原則下，將漢傳佛教建立為法鼓山主
體」的心願。❷

## 第二節　研究近況與重要性

　　如來藏於當代實踐的重要性，以及如來藏在漢傳佛
教承先啟後的關鍵位置，對法師而言已了然於心，或可
說是毋庸置疑的。但是，如何以如來藏做為適應未來世
界佛教開展之參照，或想探討如來藏於信仰、禪修及生
活的應用等問題，皆須有詳實的文獻做為實踐之依據。

　　雖然法師一再強調，如來藏對當代佛教的重要性，
但因缺乏法師完整的如來藏文獻資料，也無系統化的整

---

❷ 《承先啟後的中華禪法鼓宗》，頁 12。

理，較不易查找可參考的資料，因此探討法師個人如來
藏思想的相關研究，幾乎闕如。❸雖然近年有少數研究
論著涉及如來藏思想，但往往並非全然以法師的如來藏
思想為主題進行的研究。❹

---

❸ 辜琮瑜教授是少數於專書中，能有一小節討論到法師的如來藏思想，雖
然篇幅不多，但於基礎文獻整理已有所貢獻，參見：辜琮瑜，《聖嚴法師
的禪學思想》，臺北：法鼓文化，2002 年 7 月初版，頁 46-57。然因成書
較早（《釋聖嚴禪學思想之研究》為其在文化大學哲學研究所 2002 年完
成的博士論文），所整理的法師年表與著作到 2001 年止，因此沒能有機
會參照法師晚年有關如來藏實踐的幾本重要著作。之後，林其賢教授，
於中正大學中國文學研究所 2009 年的博士論文《聖嚴法師的倫理思想
與實踐——以建立人間淨土為核心》中，對法師的倫理思想與人間淨土
思想的實踐有相當的描述，然有關如來藏的探討就較少。2010 年，俞永
峰（Jimmy Yu）教授在《中華佛學學報》也有兩篇英文文章對法師思想
做分期與探討，值得參照：http://buddhism.lib.ntu.edu.tw/DLMBS/author/
authorinfo.jsp?ID=43196。

❹ 譬如以與如來藏有關的《大乘止觀法門之研究》為題的研究論文，雖直
接或間接地參照或引用法師《大乘止觀法門之研究》的資料，但各著作
中並無專章討論法師的如來藏思想。可參照：
1. 林芳敏，《〈大乘止觀法門〉如來藏思想之研究》，華梵人文科技學院東
方人文思想研究所碩士論文，1996 年。
2. 朱文光，〈考證、典範與解釋的正當性：以〈大乘止觀法門〉的作者問
題為線索〉，《中華佛學研究》第 1 期，1997 年 3 月，頁 195-229。
3. 尤惠貞，〈再論《大乘止觀法門》與天臺思想的關聯——從牟宗三先生
所強調的「客觀的瞭解」談起〉，《牟宗三哲學與唐君毅哲學論》，臺北：
文津出版社，1997 年 12 月，頁 289-316。
4. 蔡仁厚等著，江日新主編，《牟宗三哲學與唐君毅哲學論》，臺北：文
津出版社，1997 年 12 月。
5. 釋安慧，《〈大乘止觀法門〉中的如來藏思想〉，《福嚴佛學院第九屆學
生論文集》下冊，2000 年，頁 763-794。

　　如前述，由於法師撰寫個人如來藏思想的文獻資料
尚未有系統地彙整，且其前後期的如來藏思想或不盡相
同，❺加以法師對自己的如來藏教法著墨不多，因此亦
可能會造成學界的憂慮。❻是以，如無系統地整理出法
師的如來藏思想，於教界對如來藏的批判與疑慮或許就
在所難免了，同時也會期待對法師的如來藏教法能有進
一步的分析、釐清。簡言之，從上述研究近況而言，可
知此專題是有其待研究與釐清的重要性。

　　有關上述問題，法師應早已清楚，且也想加以釐
清。因為於 1968 年法師提出他的三系觀時，已有所
說明：

　　　　三大主流的分劃，近世的中國佛教界，頗有論

---

6. 賴奉助，《止觀修學方法之研究——以〈大乘止觀法門〉及〈菩提道
　次第略論〉的對照觀點為依據》，華梵大學東方人文思想研究所碩士論
　文，2008 年。
❺ 法師早期於 1968 年的《比較宗教學》中是以淨心緣起系解說如來藏，但
　晚年於 2006 年的《華嚴心詮——原人論考釋》中則以如來藏一詞詮釋
　之。有關此部分的發展，將於文後再詳加考察。
❻ 譬如陳英善教授於第一屆聖嚴思想研討會即提出：「將緣起性空與如來藏
　說，以究竟、方便來分之，難免出現兩橛化之情形，如此是否會影響到
　其所指導的禪淨修行、人間淨土等？諸如此類，皆有待進一步之分析，
　以及日後之觀察。」（參見陳英善，〈聖嚴思想與如來藏說〉，《聖嚴研究》
　第一輯，臺北：法鼓文化，2010 年 3 月，頁 389）

諍，太虛大師標名為：1. 法性空慧宗，2. 法相唯識宗，3. 法界圓覺宗。印順法師別有看法，他標名為：1. 性空唯名論，2. 虛妄唯識論，3. 真常唯心論。我是根據大乘思想的源流，參考太虛及印順二師的見解，做了如上的分類介紹。❼

雖然法師已說明他的三系觀，主要是根據大乘思想的源流，然而並沒有說明他參考二位法師的見解之後，如何開展出自己的三系觀，甚或對如來藏的定位，也無專章詳明。同時，法師也了解太虛大師與印順長老的三系判攝中對如來藏的看法並不一樣。❽因此，如欲研究法師的如來藏思想，應先就法師對如來藏的定位做釐清，並須了解他所建構的如來藏教法的發展與思想的演化過程等，這些因素皆須先做研究與探討，始能解明法師的如來藏義。筆者相信有很多人也是因法師的等身著作，資料散及各處有待整理，因此對於法師的如來藏思想無法全盤理解，更不用說如何依此進行當代實踐，或培養如來藏信仰了。

---

❼ 參見釋聖嚴，《比較宗教學》，《法鼓全集網路版》，第 1 輯第 4 冊，頁399。

❽ 相關內容敘述，請參見本書第一部第二章第四節之內文。

信仰，需要清楚了解教理後，才能有深信，進而始能實踐落實。故借用法師的話：「因此，我們要推動人間淨土的建設工程，佛性如來藏的了解就太重要了。」有鑑於此，本書第二部擬就「聖嚴法師如來藏學思歷程分期」爲探討主題，期能建構出法師如何以其如來藏思想做爲教法，進而以之做爲引導學人進行當代建設與實踐的參照。

## 第三節　研究方法與步驟

由於法師清楚地表明「我既然不是學問家，所以不要把我當成一名學問僧」，❾以及多年來法師常對中華佛學研究所的師生提及所訓中「實用爲先，利他爲重」的理念，希望中華佛學研究所培植的人才，能對未來世界佛教的發展有所幫助等話語，言猶在耳，❿因此本研

---

❾ 〈如何研究我走的路〉，《聖嚴研究》第一輯，頁 23。

❿ 如《教育・文化・文學》：「最重要的是，培育學生具有『立足中華，放眼世界；專精佛學，護持正法；解行互資，悲智雙運；實用爲先，利他爲重』的理念，希望中華佛學研究所培植的人才，能對未來世界佛教的發展，有所幫助。」（參見釋聖嚴，《教育・文化・文學》，《法鼓全集網路版》，第 3 輯第 3 冊，頁 206）或《法鼓家風》：「學習的目的不僅僅是爲了學問，而是爲了奉獻，也就是『實用爲先，利他爲重』的意思。」（《法鼓家風》，頁 18）

究不擬以法師的學問為題，僅以法師的思想做為本研究
的基礎，並更進一步探討法師的「教法」與「實踐」兩
大部分，以配合「實用為先，利他為重」的理念，撰寫
法師的「如來藏教法與實踐」的典範。

## 一、研究方法

　　職是之故，本書第二部除了以佛學文獻研究方法為
基礎，並參照法師〈如何研究我走的路〉的建議：「研
究我這個人的思想，可以從禪修理論及方法、戒律的觀
念、宗教學、歷史等角度，或是淨土、天台、華嚴的角
度；也可以從我對佛經及祖師的諸種講錄、註釋、考詮
的角度；還可以從慈善救濟、社會關懷、兩岸交流、世
界和平、佛教復興等，以及我所從事的四種環保、三大
教育、心五四運動等角度，分別來研究我的思想。」⓫
以此做為研究方法之準則，亦即以佛學文獻與法師的相
關著作，配合社會關懷乃至心五四運動等當代實踐，進
行基礎了解。期望藉此建構完成法師之：如來藏思想的
分期、如來藏教法的精要，以及如何以之做為引導學人
進行當代建設與實踐。

---

⓫ 〈如何研究我走的路〉，《聖嚴研究》第一輯，頁 25。

## 二、研究步驟

　　筆者即依法師〈如何研究我走的路〉為準則，進行下列各項研究步驟。首先，進行資料蒐集、整理，將文獻彙整與編排，建置一簡要的資料庫。❶然後，參考相關資料進行考證與查核，依照法師著作發表年份，重新分期。最後，藉此分期探討其如來藏思想發展的前後關係等步驟擇要撰寫。期能達到法師的期許：「至於怎麼研究我這個人？⋯⋯建議應從更多元性、實用性、

---

❶ 有關相關詞彙關鍵詞檢索數量的統計，今舉如來藏與佛性為例說明：以關鍵詞「如來藏」檢索共計有三百二十七筆，「佛性」一詞則有五百七十筆，「佛性如來藏」或「如來藏佛性」則有十七筆，如以日文漢字（日文 Shift-JIS 編碼）「如來藏」檢索計得三十五筆，「仏性」有十三筆，再以英文 Buddha nature（Buddha-nature）或 Buddha hood 檢索約計四十六筆，以梵文 Tathāgatagarbha（含 Tathagatagarbha 及 Tathagata-garbha）檢索僅有四筆。

本研究製作簡要資料庫的幾個步驟：

1.將關鍵詞檢索及搜尋的相關資料建置成一份文書資料 Word 檔。

2.將引用資料查對發行年份依序排列，分類整理各檔案，建構資料夾（Files）。

3.再依資料性質提列建為計算統計的 Excel 檔。

4.參照篩選資料，依層次結構建置成 Xmind 檔。

5.由 Xmind 檔傳換成 html 檔，再以可控管文件處理流程的 SharePoint 建置共用資訊，進而建構 Web 格式，做為資料分類、層級架構、網頁呈現等控管。

6.如有需要，則轉換為 MySQL 數據庫。

需要性的角度，來研究我聖嚴這一生最終的目標是什麼。」❸

## 第四節　困難及解決方法

如前述，因為法師對其個人的如來藏思想相關資料與文獻尚未做系統的彙整，且法師對如來藏的用法，也有前後期的不同，此為本研究遭遇的首要困難，但這也是本研究的重要性與挑戰，因為如沒有進行此研究，或將無法讓學人完整了解法師的教法，更無法依其理念去實踐。

依此，首當從全盤整理法師的文獻資料著手，並就相關資料做周邊整理與分類釐清，最後依照文獻年代分期後，製作成簡要的資料庫，以上述分法做為解決途徑，當可補足文獻前後期混雜與不足等困難。

另一個困難是，雖然已了解法師對佛性如來藏於漢傳佛教與禪法的重視，但因有關法師的禪修理論及方法，涉及教理與實作兩部分，如沒有先建構完備法師之如來藏教法與實踐資料，應無法深入探討其禪法的教

---

❸ 〈如何研究我走的路〉，《聖嚴研究》第一輯，頁 23。

授，故先行整理文獻資料，建構法師的如來藏教理與教化等基礎文獻後，並於本書第三部中，初步整理出其如來藏禪修教法之內涵，以及如來藏之現代實踐。至於較爲深入與實際禪修指導的運用等專題性研究，則有待後人接續之。

　　本研究的可能貢獻，可分爲兩部分。對使用者而言，可以依照分期，以釐清法師所引用的文獻內容，藉此以了解法師前後期如來藏思想的異同，並以此做爲基礎來研究法師晚年的如來藏教法與實踐，進而依法師的教導與典範，做爲後繼探討未來開展法鼓山教法與實踐的可能性。於內部教學與研究而言，本研究的附屬成果，也就是法師如來藏資料庫的完成，當可做爲教學與研究查照之用，應可利益學人。

# 第二章
# 聖嚴法師的如來藏思想分期

　　法師的著作雖大多已收錄於《法鼓全集》，❶但因全集的編輯是以主題分類，並沒有按照發表年度分期，因此使用者往往會有錯置法師前後期思想的問題。❷因

---

❶ 本研究資料主要來源為《法鼓全集》2005 網路版，此網路版雖名為《法鼓全集》，實則是以 1999 年的《法鼓全集》，加上 2005 年重編的《法鼓全集暨續編》百冊為標的。雖說是 2005 年版，但於 2009 年後該網路版仍繼續新增內容，譬如於 2010 年 7 月 9 日增入 2005 年以後發行的《華嚴心詮 —— 原人論考釋》，於 2009 年 9 月 21 日新增 2009 年發行的《聖嚴法師教話頭禪》等書，該資料庫目前收錄 2005 年以後發行，但尚未收入紙本《法鼓全集暨續編》的書籍共計 8 冊。（詳見《法鼓全集》網路版「更新紀錄」http://ddc.shengyen.org/ ）

❷ 譬如於《法鼓全集》查到下列三個「如來藏」關鍵詞條目，其出處皆標為《法鼓全集》2005 網路版。但如果細查則會發現：

1.「精神（在佛教稱為識或如來藏）……。」這是《法鼓全集》中能找到的法師最早使用的如來藏條目，出處應為 1958 年刊於〈走在缺陷處處的人生道上〉（原刊於 1958 年 12 月《海潮音》雜誌 40 卷第 1、2 期），後來收錄於 1983 年彙整的《神通與人通》。（參見《神通與人通》，《法鼓全集網路版》，第 3 輯第 2 冊，頁 27-28）

2.「唯有空性，才是真常不變易的，佛性如來藏，只是空性的異名、假名……。」出處為 2005 年後發行的《華嚴心詮 —— 原人論考釋》，收入《法鼓全集》，第 10 輯第 9 冊，頁 272，但是該書未收錄於 2005 年出版的紙本《法鼓全集》中。

3.「若是自問自答：『無始以前是真如、是佛性、是如來藏……』」這是

此，本研究首要工作爲將法師的如來藏資料分年代，藉
此建立法師如來藏思想分期。

## 第一節　分期的依據

　　本分期方法，係參照法師撰述博士論文中，對智旭
法師思想的形成與發展之分期法：依循編年體型式，把
智旭的一生，分成青年期、壯年前期、壯年後期與晚年
期等四個階段，來論述智旭的佛學思想。❸並以之配合

---

《法鼓全集》找到法師最後使用如來藏的條目。其出處爲 2009 年發行的
《聖嚴法師教話頭禪》，並未收錄於 2005 年出版的紙本《法鼓全集》中。
（參見釋聖嚴，《聖嚴法師教話頭禪》，《法鼓全集網路版》，第 10 輯第 6
冊）
《華嚴心詮──原人論考釋》和《聖嚴法師教話頭禪》二書皆未收錄於
2005 年出版的紙本《法鼓全集》，但 2005 年的《法鼓全集網路版》卻已
收錄。
從上述三個條目看來，法師對如來藏的用法，應該有所不同，因此時間
的分期就很重要。
❸ 「第五章〈智旭思想的形成與發展〉是依循編年體型式，把智旭的一
生，分成青年期、壯年前期和壯年後期與晚年期等四個階段，來論述智
旭的……思想。」（參見釋聖嚴，《明末中國佛教之研究》自序（博士
論文），《書序》，《法鼓全集網路版》，第 3 輯第 5 冊，頁 168-169）同
時，法師認爲：「多數人會爲自己做生涯規畫，青年、中年、晚年各有
藍圖。」（參見釋聖嚴，《公案一○○》，《法鼓全集網路版》，第 7 輯第 8
冊，頁 65）因此依法師的研究方法，依編年體形式來論述法師的如來藏
思想演化。

法師的學思歷程，以建構法師一生對如來藏的編年思
想史。

## 第二節　佛學學思歷程

　　由於法師本人並未詳明個人如來藏思想的發展過
程，因此須就相關資料分析研究，以了解並重構法師的
如來藏思想。

　　依法師〈如何研究我走的路〉中「以我的思想研究
我」的準則，則法師如來藏思想之演化，也應以法師個
人的學思歷程做為分期準則，再參照其他資料進行研
究，所以本分期將以法師的學思歷程及如來藏研究資料
做為主要依據，並參考法師相關著作，以理解法師如來
藏思想的演化過程。因此，本段擬就兩部分探討：首
先，就相關文獻了解法師的佛學學思歷程。其次，探索
法師相關資料，以建構其如來藏思想的發展過程。

　　1999 年 4 月 12 日法師於臺灣大學的〈我的學思
歷程〉演講中，❹曾回述自己的學思歷程可分為兩大部

---

❹　本講稿收錄於 2000 年 11 月出版的《抱疾遊高峰》一書中，本書收錄法
　　師於 1999 年元月至 2000 年 10 月之間發生的事。（參見釋聖嚴，《抱疾遊
　　高峰》，《法鼓全集網路版》，第 6 輯第 12 冊，頁 212）

分：「求學過程」與「研究和學以致用」。綜合前述兩部分，如再以法師的年齡配合，其研究發展過程可分為三個時段。法師自述：

> 在我三十歲之前，談不上所謂研究學問的工夫；過了三十歲之後，是綜合性的研究；在留學期間則是專題性的研究；在大學及研究所任教期間，是以漢系佛教為主、他系佛教為輔的開展性研究。❺

在求學過程中，三十歲之前的童年，少年時代與青年時代，法師自謙談不上所謂研究學問的工夫，而是過了三十歲之後，才開始做佛學研究。因此，本文擬以法師再度出家之後的青年時代進入中年時代，做為其學思歷程的起點。

如再參照相關資料及法師的自判，依其求學、研究和學以致用等過程，配合編年時段，則可分為「青年時代進入中年時代」，也就是從軍中退役再度出家，以及深入山中，埋首於經藏之六年閉關時期。「中年時代以及其後」，即是於日本留學，完成碩博士學位時期。

❺《抱疾遊高峰》，頁212。

「在大學及研究所任教期間」，是以漢系佛教為主、他系佛教為輔的開展性研究。於此同一時期，法師也在東西方指導中國禪法的修行。「1989 年開創法鼓山之後」提倡回歸佛陀本懷的人間佛教、建設人間淨土，則是法師的重點工作，以進行四種環保及心五四運動的實踐。❻

綜合上述資料，依法師的編年及紀元年份來分判，❼則法師佛學研究的學思歷程，可簡分如下四大期：

第一期：1960 年至 1969 年，青年時代進入中年時代的「綜合性研究」。

第二期：1969 年至 1975 年，中年時代到日本留學的「專題性研究」。

第三期：1975 年至 1989 年，壯年時代在大學及研究所任教期間的「開展性研究」。

第四期：1989 年至 2009 年，晚年開創法鼓山之後「學以致用」的實踐。

---

❻ 《抱疾遊高峰》，頁 210-211。
❼ 本文年代時間計算，參照林其賢所著的《聖嚴法師七十年譜》，及聖嚴法師數位典藏：http://www.shengyen.org/bio-70s.php，2017.09.15。（參見林其賢著，《聖嚴法師七十年譜》，《法鼓全集網路版》，第 11 輯第 1 冊）

　　至此，我們可以完整的建構法師各階段的學思歷程，雖已建立法師佛學學思歷程的分期，然而並無法確立法師如來藏思想的演化，因此以下將再參照相關資料建立法師如來藏思想的分期，以做為本文進一步探究法師如來藏思想的基準點。

## 第三節　如來藏思想的學思歷程

　　確立法師於佛學研究的學思四大歷程後，往下開始探討法師如來藏思想的學思歷程。依據法師自述文獻，他的如來藏思想可大致分為去日本之前的「浮光掠影」期，在日本研究時的「摸到門徑」期，以及返臺以後「教學相長」期，與建設法鼓山的「學以致用」期。以下僅略為說明各期的客觀時空因緣，以及對法師如來藏思想的分期命名及其依據，至於各時期如來藏思想的內容則在「聖嚴法師各期如來藏思想的立論」章節中，再做詳細地鋪陳。

## 一、留日前的浮光掠影期

　　本期是聖嚴法師自軍中退伍後，依止東初老人再度出家，開始負責佛教的事業、編輯《人生》雜誌，以及

到高雄美濃閉關為止，即是法師留日前的這段期間。尤其法師在閉關期間，完成了不少的著作，也在閉關閱藏中，讀了不少經論，此等皆可視為此一時期的思想源頭。❽

　　法師在臺灣南部閱讀《大藏經》時，從太虛大師和印順長老的著作裡，已知道印度的大乘佛教有三大系統：中觀、唯識、如來藏。可是，沒有經過他自己分析考察和著作的經驗，因此他認為：「雖然讀過，終還是浮光掠影。」❾是以，藉法師的用詞，定此段時間為其如來藏思想的「浮光掠影期」。

　　這段期間，亦即法師從青年進入中年的時代，他開始了解到印度大乘佛教有三大系，也知道中國的大乘八宗，雖然各有所屬，但多數是出於如來藏系統的思想。❿

---

❽ 此時期完成的著作有：1961 年《戒壇日記》、1965 年《正信的佛教》、1966 年《戒律學綱要》、1968 年《比較宗教學》、1969 年《世界佛教通史》等。閉關期間讀了《阿含經》、《華嚴經》、《涅槃經》、《法華經》、《大智度論》等。

❾ 參見釋聖嚴，《聖嚴法師學思歷程》，《法鼓全集網路版》，第 3 輯第 8 冊，頁 91。

❿ 《抱疾遊高峰》，頁 211。

## 二、留日時的摸到門徑期

抵達日本留學後，於撰寫論文期間，法師自認：
「研究分析了大乘止觀法門的思想基礎和根源，……讓
我對於如來藏系統的思想和唯識的思想，摸到了一些門
徑。」❶因此，此段時間可稱爲法師如來藏思想的「摸
到門徑期」。

留日期間，法師曾言及受到蕅益大師的影響，同時
也體認到蕅益大師及太虛大師兩人，都有佛法一體化
「圓融」的主張，而這就是中國本位佛教的特色。❷可
知法師對兩位大師以如來藏爲主的中國佛教之認知。進
而，法師「發現印順法師是回溯到印度佛學的源頭，太
虛大師是以中國本土化爲主的大一統格局」；而他則
「希望整合這兩種觀點，成爲現代化的世界佛教」。
並清楚地表明在那個時期之後，即形成了他自己的路
線。❸

---

❶ 《聖嚴法師學思歷程》，頁 90。
❷ 法師於文中表明：「不僅能理解他們的用心，也很佩服他們的用心。」
（同上註，頁 170）
❸ 《抱疾遊高峰》，頁 212。

## 三、學成後的教學相長期

　　這段時期是聖嚴法師從日本畢業後，來到美國開始指導禪修，同時在臺灣各大專院校教學。此即是法師在國際弘化、國內辦學，來回臺、美等國際之間，將如來藏思想轉變爲教法，並與禪修相融合的一個重要過程。

　　此段時期爲法師的教學期，他一方面進行以漢系佛教爲主、他系佛教爲輔的開展性研究，也指導中國禪法的修行。因此，法師日本留學之後，在臺灣的大學及研究所任教期間，一邊進行開展性研究，同時也在東西方指導中國禪法的修行。❹

　　不論是教書或指導禪修，法師都認爲這是教學相長的，如 1991 年在《禪門囈語續集》〈自序〉中提到：「我常說：『教學相長』和『水漲船高』，在此十多年來，由於指導禪修，我自己也進步了不少。」❺因此，特稱此時期爲法師的「教學相長期」。

---

❹　同上註。
❺　〈《禪門囈語續集》自序〉，《書序》，頁 232。

## 四、創建法鼓山後的學以致用期

　　法師於 1989 年開創法鼓山之後，以提倡回歸佛陀本懷的人間佛教，建設人間淨土，為他的重點工作。因此，由於對放眼世界，展望未來的需求，開始對佛法重新詮釋，重新發揚，提出了如來藏對國際及未來的重要性，並開展出四種環保及心五四運動、心六倫的實踐與應用。❻

### 第四節　依學思歷程建立如來藏思想分期

　　歸結上述法師的佛學學思歷程及如來藏思想資料，接著再依年代分期，建立法師如來藏思想的演化過程。因此，配合法師學思歷程的年代，其如來藏思想共可分為 1960 年至 1969 年，法師從青年時代進入中年時代的「綜合性研究」，就整體佛學雖已有所掌握，但對如來藏因沒有自己的分析考察和著作經驗，尚屬「浮光掠影」期。1969 年至 1975 年，中年時代到日本留學的「專題性研究」，對如來藏已有系統性的專題研究，已

---

❻《抱疾遊高峰》，頁 212。

經「摸到門徑」。1975 年至 1989 年，在大學及研究所
任教期間的「開展性研究」，以及海內外指導禪修，法
師於「教學相長」中，對如來藏已確立其開展性研究的
立場──「希望整合這兩種觀點，成爲現代化的世界佛
教」。1989 年至 2009 年，開創法鼓山之後的「實踐與
應用」期，亦即法師於壯年後期到晚年，❼將所確立的
如來藏思想「學以致用」，進行實踐與應用。至此，本
研究已完成首要的工作，即是將法師的如來藏思想按其
學思歷程及年代等資料，建立法師如來藏思想的四大分
期。（參見表二）

　　本文不厭其煩一層層地重整法師資料，完成上述詳
盡的分期工作，一來是確立本文後續研究的正確性與可
信度，另一主要目的爲探討「一位大師一生中，早年期
與晚年期對佛教的判法是否有差異」。從學思歷程的分
期，判定一位大師思想差異的方法，則是法師所認同
的，譬如他於《華嚴心詮》也說到：「乃至同一位大師
的一生之中，早年期與晚年期的判法也有差異。」對此
說法，他並以編年的學思分期撰文說明。❽是以，由上

---

❼　壯年後期的用法可參考法師「把智旭的一生，分成青年期、壯年前期和
　　壯年後期與晚年期等四個階段」。（〈《明末中國佛教之研究》自序（博士
　　論文）〉，《書序》，頁 168）

述法師個人的學思歷程，確立法師的如來藏思想分期，
進而應可以此為基礎，繼續探討法師前後期思想內容的
異同。

---

⓳ 「乃至同一位大師的一生之中，早年期與晚年期的判法也有差異，此在華
嚴宗是特別明顯的。例如華嚴宗的第二祖智儼，從其青年期所著的《搜
玄記》來看，用的是漸、頓、圓的三教判，把《華嚴經》置於頓、圓二
教；於其《五十要問答》是用小乘、三乘、一乘的三教判，當然把《華
嚴經》置於一乘教；就其晚年作品《孔目章》而言，是採用小教、初
教、終教（熟教）、頓教、圓教（一乘）的五教判，將《華嚴經》置於圓
教（一乘），已不把《華嚴經》和頓教說成有關係了。」（《華嚴心詮——
原人論考釋》，頁 126）。同時，對於太虛大師的三系判，法師也認為他
是經過三期的改進才有後來定型的三系觀：「我國的太虛大師，經過三
期的改進而分大乘為三系。初以 1. 空慧宗攝三論，2. 唯識宗攝唯識及戒
律，3. 真如宗攝禪那、天臺、賢首、真如、淨土。（《太虛全書》三三一
頁）到了西元一九四〇年，太虛大師又將三系改為 1. 法性空慧宗，以法
空般若為宗，2. 法相唯識宗，以唯識法相為本，3. 法界圓覺宗。」（參見
釋聖嚴，《印度佛教史》，《法鼓全集網路版》，第 2 輯第 1 冊，頁 209）

## 表二：聖嚴法師如來藏思想分期表

| 分期時間 | 說明 |
|---|---|
| 第一期：<br>1960 至 1969 年 | 法師二度披剃後，於佛法的綜合研究中知道有如來藏，但僅爲「浮光掠影」的了解，此爲法師青年時代進入中年時代的「綜合性研究」期。 |
| 第二期：<br>1969 至 1975 年 | 到日本留學，因進行博碩士論文的專題研究，對如來藏系統「摸到門徑」，此爲法師中年時代的「專題性研究」期。 |
| 第三期：<br>1975 至 1989 年 | 法師學成後，在大學及研究所任教並在各地指導禪法，經由「教學相長」開展出其如來藏教法，此爲法師中壯年時代的「開展性研究」期。 |
| 第四期：<br>1989 至 2009 年 | 開創法鼓山後，爲法師壯年後期到晚年，爲法師將其如來藏教法「學以致用」的實踐與應用期。 |

# 第三章
# 聖嚴法師各期如來藏思想的立論

　　了解法師的如來藏思想分期後，今再依序介紹法師各期如來藏思想內容，以便能完整地理解法師如來藏思想的發展過程，以及各期思想的特色。因此，本段將藉由上述各期資料的分析與研究，從法師著作中探尋自1960年以來，這四十九年間與如來藏有關的文獻中，法師如來藏思想的演化內容、各期思想的特色，以期探討法師晚年的如來藏教法與實踐。

## 第一節　如來藏定義的遞嬗與三系標名

### 一、如來藏定義的遞嬗

　　一位大師思想的形成，非一蹴即成的。有關聖嚴法師對如來藏的定義，從可找到的著述資料，依時序來看，是一直在調整與修正的。本段即先依時序羅列法師對「如來藏」一詞，曾經寫過的繁簡、詳略、深淺等的

定義與詮釋。透過此一內容的演變，希望可以呈現法師建構其如來藏思想內涵之歷程。至於較爲詳盡的內容介紹或說明，則於後文配合各時期主客觀環境等脈絡下，再做較深入地剖析。

## （一）1958 年及 1968 年的泛論

目前從《法鼓全集》網路版的搜尋下，可以找到法師最早使用「如來藏」一詞的年代是在 1958 年，於《海潮音》雜誌所刊載的〈走在缺陷處處的人生道上〉一文中，提到佛教所說的精神時，其以括號方式做註解：「在佛教稱爲識或如來藏」。❶除此之外，全文沒有其他相關的敘述，筆者認爲應是法師早期尚未接觸到如來藏思想時，佛教對「精神」一詞所做的簡略說明而已。

其次是在 1968 年出版的《比較宗教學》第十章介紹佛教時，於第四節談「大乘佛教的主流」篇章中，提出大乘三系，將後期大乘標名爲「淨心緣起系」來代表如來藏。文中，法師提及此系的特色：

---

❶ 〈走在缺陷處處的人生道上〉，《神通與人通》，頁 27–28。

　　淨心緣起系：這是根據心性本淨的大眾部思想而
來，有泛神論的色素。這在佛陀時代的原始聖典
中，已有線索可尋。❷

　　法師認爲它是有梵神思想、泛神論的，所謂泛神論
即是多神論的概念，筆者認爲這個觀點很特殊而少見。

## （二）1971 年的學術性論述

　　1971 年聖嚴法師完成碩士論文：《大乘止觀法門
之研究》，於論文中更有專章論及《大乘止觀法門》
一書的如來藏思想。由於這是屬於學術性的論文，故
對「如來藏」的詮釋即運用學術界對字詞定義的書寫
方式。

　　梵語 tathāgata-garbha 意為「如來之藏」，即是被
隱覆於一切眾生的貪瞋煩惱中的自性清淨的如來法
身。❸

---

❷ 《比較宗教學》，頁 398。
❸ 參見釋聖嚴，《大乘止觀法門之研究》，《法鼓全集網路版》，第 1 輯第 2
　 冊，頁 131。

　　這是目前佛教學術界一般通用的定義，是在佛學的教科書或論文著述中的標準詮釋。法師進一步說明：「在大乘經論之中，有關如來藏思想的敘述者頗多。」❹他列舉其中幾種重要的經論，以進一步詮釋「如來藏」的內涵。此將於下文有關法師第二期的如來藏思想立論中，再另做陳述。

## （三）2001 年的傳統詮釋

　　法師於 2001 年出版的《自家寶藏》，在〈緒論〉中詮釋《大方廣如來藏經》之經題時，其對「如來藏」一詞的釋文，筆者發現法師應有承續與參考了印順長老，或者是日本學者的概念。

> 「如來藏」的梵文是 tathāgata-garbha，藏是胎藏，語源出於梨俱吠陀的金胎（hiraṇya-garbha）神話，如來藏則是指眾生身中，皆有如來；或可說一切眾生本是如來，只是尚在胎內，沒有誕生。❺

❹ 《大乘止觀法門之研究》，頁 131。
❺ 《自家寶藏——如來藏經語體譯釋》，頁 21。

　　法師提出「如來藏」一詞是出自於印度的傳統，是屬於金胎說。「金胎說」是一則神話，即是解釋人是從金胎所出，「garbha」是胎藏的意思，人就是從這個金胎出來。但這個用法，筆者認為法師只是引用此傳統說法，並沒有特別進一步肯定此一說法。

## （四）2006 年的自成一家之言

　　到了 2006 年，聖嚴法師在《華嚴心詮》中，對於「如來藏」的內涵有了非常清楚而明確的詮釋：

　　　　如來藏的梵文是 tathāgata-garbha 意為在一切眾生心中，藏有如來的覺性，若能除去一切的無明煩惱，即是清淨的佛心，即見本具的如來覺性（佛性），是故如來藏與佛性，是異名同義。❻

　　在做此詮釋後，法師再對印順長老對印度後期大乘中如來藏思想的神我判攝，進一步以另一個角度來說明其個人的觀點，認為「唯有空性，才是真常不變易的，佛性如來藏，只是空性的異名、假名」。

---

❻《華嚴心詮——原人論考釋》，頁 265。

　　筆者發現法師晚年，已將「佛性」與「如來藏」二者相結合。❼在談印度佛教思想的演變時，學界內一般多用「如來藏」一詞，但在論及漢傳佛教思想時，則較常使用「佛性」的觀念。聖嚴法師晚年則將二者做一整合，稱爲「佛性如來藏」，進而提出「佛性如來藏即是空性，亦是異名、假名」而已。

　　從1958年至2006年法師對「如來藏」詮釋的遞嬗過程來看，筆者覺得法師到了晚年對於「如來藏」所下的定義非常好，因爲他已經完全跳脫了前人說法，甚至超越了自己過去以學理爲主的角度，而呈現出個人不一樣的觀點。

　　總括而言，從1958、1968、1971、2001年期間的詮釋中，可見到法師對於佛教界在如來藏定義的認知與

---

❼ 法師於《華嚴心詮——原人論考釋》第四章的註4，對「佛性」做以下的註釋說明：「佛性的梵文是 buddhatā 或 buddhatva，又譯爲如來性或覺性，即是一切佛陀的本性。《大方等如來藏經》有云：『善男子！諸佛法爾，若佛出世，若不出世，一切眾生如來之藏，常住不變。』（大正十六，四五七下）這是說的一切眾生，本來具有永恆不變的如來藏。又云：『善男子！莫自輕鄙，汝等自身，皆有佛性。』（大正十六，四五九上）那麼，如來藏與佛性的關係如何呢？故又有云：『善男子！佛見眾生如來藏已，欲令開敷，爲說經法，除滅煩惱，顯現佛性。』（大正十六，四五七下）這是說，如來藏與佛性，都是眾生本具，是同體異名，是因眾生有煩惱，所以未顯如來藏中的佛性（覺性），在聽聞佛法而除滅煩惱之後，佛性（覺性）即會顯現。」（同上註，頁262）

吸收。至於 2006 年對「如來藏」內涵的全新詮釋，筆者認為這是從一個禪宗修行者的角度所下的定義，而不是從文字、文獻的角度所出。因為依他所認為的：在一切眾生的心中藏有如來的覺性，而這本具的覺性，若在「除去一切的無明煩惱」後，即是「清淨佛心」的顯現，當下即能見「本具的如來覺性」。這也就是所謂的「見性」，見性當然就是見佛性，因為「佛」即譯作「覺」，在《六祖壇經》裡即是用「覺」字來代表。這樣的詮釋，筆者認為是經由法師一生的實修實證、教學與指導禪法下，開展出其對於「如來藏」在德用上，完全不一樣的體會與理解。

## 二、早期的三系與如來藏標名

1960 年法師從軍中退休，再度出家後，即積極投入佛學的研究中。於閉關期間，法師博涉近代佛教界各大師及居士們的著述，例如《太虛大師全書》、《印光大師文抄》、弘一大師全部戒律著作、印順長老各種著述、歐陽竟無居士及其弟子們的唯識學等，因此了解印度大乘佛教三系，亦知道中國的大乘八宗雖然各有所屬，但多數是出於如來藏系統的思想。❽於這段時間，法師也清楚地指出自己已有一個明確的思想路線，以此

確立中國佛教與印度如來藏思想的關係。❾

　　總之，於 1961 年至 1967 年間，法師的三系觀與如來藏思想，如他所說：「我必須承認，受到太虛大師和印順法師兩人很大的影響。」❿因此，如欲了解法師早期的如來藏思想，必須先清楚法師受到太虛大師和印順長老兩人哪些影響部分，因此以下就法師早期的資料，簡述兩位大師的三系觀與如來藏的關係。

## （一）太虛大師的三系標名

　　欲了解早期法師受到兩位大師的哪些影響，應從他較早的資料來看，較能呈現法師當時的思想內涵。因此，以 1969 年出版的《世界佛教通史》（上冊）〈印度佛教史〉為主要的參考資料的來源。⓫於該書中，法

---

❽ 《抱疾遊高峰》，頁 211。

❾ 「我在臺灣南部閱讀《大藏經》的階段，已經有了一個明確的思想路線。」（《聖嚴法師學思歷程》，頁 169）這一明確的思想路線，如法師所說：「那也就是中國本位佛教的特色。」

❿ 同上註，頁 169。

⓫ 由於，法師早年將《印度佛教史》這一部分的資料包含在《世界佛教通史》（上冊）內發行，因此其發行年代的確定，根據《印度佛教史》的〈編者序〉，得知《印度佛教史》原為 1969 年出版的《世界佛教通史》（上冊）內的部分資料。原文如下：「聖嚴師父《印度佛教史》、《西藏佛教史》、《日韓佛教史略》等三冊大作，原本為一合訂精裝鉅著，書名《世界佛教通史》（上），由法鼓文化的前身，東初出版社於一九六九年發

師根據《太虛全書》了解到大乘三系經太虛大師幾次更名後，於 1940 年定名爲「法性空慧宗」，以法空般若爲宗；「法相唯識宗」，以唯識法相爲本；「法界圓覺宗」，包括法性及法相二宗。

　　對於法界圓覺宗的了解，法師則認爲：太虛大師是以盡一切法爲界，而爲任何一法所不能超越，華嚴（賢首）、法華（天臺）、淨土、眞如等，無不盡入此第三宗的範圍。❷法師也認爲太虛大師是站在佛法原本一味的立場而開出「法界圓覺宗」以圓融一切佛法的。然而，法師於 1969 年之前，對太虛大師此說，也有所質疑：「實際上，原始的根本佛教固屬一味，但發展後

---

行問世。」（〈編者序〉，《印度佛教史》，頁 3）

❷ 《印度佛教史》提到：「因此，我國的太虛大師，經過三期的改進而分大乘爲三系。初以 1. 空慧宗攝三論，2. 唯識宗攝唯識及戒律，3. 眞如宗攝禪那、天臺、賢首、眞如、淨土。（《太虛全書》三三一頁）到了西元一九四○年，太虛大師又將三系改爲 1. 法性空慧宗，以法空般若爲宗，2. 法相唯識宗，以唯識法相爲本，3. 法界圓覺宗，包括法性及法相二宗，以盡一切法爲界，而爲任何一法所不能超越，華嚴（賢首）、法華（天臺）、淨土、眞如等，無不盡入此第三宗的範圍。（《太虛全書》五二三—五二五頁）這是站在佛法原本一味的立場而開出「法界圓覺宗」以圓融一切佛法的。實際上，原始的根本佛教固屬一味，但發展後的枝末佛教，能否仍是一味而圓融得來，似有很大的疑問。雖然太虛大師是受了天臺及賢首「所判圓教，亦皆依佛智境界而闡說」的影響，才設立了法界圓覺宗以取代圓教的地位。可是，天臺及賢首的判教法仍有待商榷，此到中國佛教史中再討論。」（同上註，頁 209）

的枝末佛教，能否仍是一味而圓融得來，似有很大的疑問。」❸

## （二）印順長老的三系標名

　　對於印順長老的三系觀，法師於參閱長老所著《印度之佛教》及《成佛之道》等書之後，他認爲長老是根據佛教的發展過程及其思想體系，將印度大乘佛教分爲三大流：「性空唯名論」，是以龍樹爲首的初期大乘；「虛妄唯識論」，是以無著爲首的中期大乘；「眞常唯心論」，是以佛梵綜合的後期大乘。❹

　　法師於《印度佛教史》一書中，不但多次引用印順長老的資料，也列出了長老的三系標名。但對此三系，除了說明是印順長老「根據佛教的發展過程及其思想體系」而建立，法師對「眞常唯心論」並未見有進一步的說明或批判。

---

❸　同上註。
❹　「因此，近人印順法師，根據佛教的發展過程及其思想體系，將印度大乘佛教分爲三大流：1. 性空唯名論，是以龍樹爲首的初期大乘，2. 虛妄唯識論，是以無著爲首的中期大乘，3. 眞常唯心論，是以佛梵綜合的後期大乘。（參閱印順法師所著《印度之佛教》及《成佛之道》）」（同上註，頁 209）

## （三）聖嚴法師的三系標名

　　對於大乘思想的分系，法師認爲從整體佛法而言，本是一味的；從發展的趨向而言，便不能無別。由思想的承上啓下而論，雖然有些學者以爲可分作（中觀、唯識）兩大系統，但在實際上，大乘佛教尚有（如來藏）淨心緣起的一系。⑮

　　此時，法師提出的三系爲：般若中觀系、瑜伽唯識系、淨心緣起系。⑯這分判是法師根據大乘思想源流，並參考太虛及印順二師見解，做如此的分類。總之，法師對大乘思想的分系，已確認是有三系。⑰於此，將三位法師對大乘三系之標名歸納如下表：

---

⑮　大乘思想的分系法「從整個的佛法而言，本是一味的；從發展的趨向而言，便不能無別。由思想的承上啓下而論，日本的荻原雲來，以爲可分作兩大系統，茲列表如下（參考呂澂編譯的《印度佛教史略》及《現代佛學大系》第二十三冊：九五頁）」。（同上註，頁 208）。同時法師也說：「但在實際上，大乘佛教尚有淨心緣起的一系，因此，我國的太虛大師，經過三期的改進而分大乘爲三系。初以 1. 空慧宗攝三論，2. 唯識宗攝唯識及戒律，3. 眞如宗攝禪那、天臺、賢首、眞如、淨土。（《太虛全書》三三一頁）」（同上註，頁 209）

⑯　《比較宗教學》，頁 396-398。

⑰　「以上三大主流的分劃，近世的中國佛教界，頗有論諍，太虛大師標名爲：1. 法性空慧宗，2. 法相唯識宗，3. 法界圓覺宗。印順法師別有看法，他標名爲：1. 性空唯名論，2. 虛妄唯識論，3. 眞常唯心論。我是根據大乘思想的源流，參考太虛及印順二師的見解，做了如上的分類介紹。」（同上註，頁 399）

表三：太虛大師、印順長老與聖嚴法師早期的三系標名

| 太虛大師 | 印順長老 | 聖嚴法師 |
|---|---|---|
| 1. 法性空慧宗 | 1. 性空唯名論 | 1. 般若中觀系 |
| 2. 法相唯識宗 | 2. 虛妄唯識論 | 2. 瑜伽唯識系 |
| 3. 法界圓覺宗 | 3. 眞常唯心論 | 3. 淨心緣起系 |

　　由上表可看出，三系中有關如來藏教義的部分，法師提出「淨心緣起系」一名，有別於太虛大師的「法界圓覺宗」，以及印順長老的「眞常唯心論」。既然名稱有所不同，內容是否會有所差異？因此，下文擬於第一期中，探討法師所提出的「淨心緣起系」之內容。

## 第二節　分期簡說聖嚴法師的如來藏學思歷程

### 一、第一期：1960 至 1969 年

### （一）1968 年首提「淨心緣起系」

　　法師於美濃閉關後，1968 年於臺灣中華書局出版的《比較宗教學》中，已建立其個人的三系觀，其中的「淨心緣起系」爲法師首次提出。於書中他對此系做簡要的說明，由此或可了解法師當時對如來藏的看法，故

條列分述如下：

1.「淨心緣起系」是根據心性本淨的大眾部思想而來。⓲

2.「淨心緣起系」有泛神論的色素。⓳

3.「淨心緣起系」在佛陀時代的原始聖典中，已有線索可尋。⓴

4.「淨心緣起系」雖然未必出於佛說，只要合乎三法印的原則，縱然是從外教方面吸收來的東西，同樣也是佛法。㉑

5.「淨心緣起」的內容，包括有眞如緣起觀、如來藏緣起觀、法界緣起觀。㉒

6.《大乘起信論》是「淨心緣起」系統的主要論

---

⓲　同上註，頁 398。

⓳　於《比較宗教學》中法師並提到「泛神論（Pantheism）是哲學名詞，在宗教上則稱爲泛神教或萬有神教。古來有一些大哲學家，往往兼有虔敬的宗教信仰，但其信仰對象未必是隨俗的迷信，乃依其哲學思想而構成宗教信仰，是基於理性的考察而求爲情意的寄託，泛神教大致由此而來。所謂泛神教或萬有神教，即是『神即世界』之教說。……泛神教則將神與自然同視，神含在宇宙之內，神即是宇宙。」（同上註，頁 43-44）

⓴　同上註，頁 398。

㉑　同上註。

㉒　「淨心緣起的內容，包括有眞如緣起觀、如來藏緣起觀、法界緣起觀。《大乘起信論》，即是此一系統的主要論書。」（同上註）

書。㉓

7. 大乘的密教是「淨心緣起系」此一主流之發展的
最高代表。㉔

## （二）本期的立論根據及特色

### 1. 將淨心緣起的思想導歸於《華嚴經》

法師於 1969 年出版的《印度佛教史》對「淨心緣
起」有更詳盡地說明，首先他將淨心緣起的思想源頭，
回歸於《華嚴經》，以此為淨心緣起的經論根據，說明
《華嚴經》的妙有觀。㉕進而說明妙有的發展，他認為
雖然在《般若經》中已暗示了妙有的思想，然而繼承這
思想，並從淨心緣起的立場開展出廣大妙有之世界觀

---

㉓ 同上註。

㉔ 「大乘的密教，即是此一主流之發展的最高代表。最初由心性本淨而謂
眾生本具佛性，然在大乘的顯教尚須於長時間修持菩薩道，始能成全佛
性。到了大乘的密教，便倡即身成佛之說，主張以觀想自己與佛合一，
觀想成功，也就成佛了。」（同上註）

㉕ 「什麼是清淨心的妙有？《華嚴經》認為全法界（宇宙），皆是法身佛毘
盧遮那（Vairocana 大日）的顯現，清淨法身充遍全法界，這就是妙有
的淨心緣起觀。這從哲學觀點說，便是泛神論的華嚴世界觀。唯佛教的
泛神思想，又與一般的泛神論不同：一般的泛神哲學，只能要求人順乎
『神』（本體），卻不能要求此神來愛人；佛教的泛神之『神』的本體是法
身佛，佛卻另有報身及化身，法身是諸佛的本體，報身是諸佛的個體，
化身則為適應眾生的要求而做廣大的救濟。」（《印度佛教史》，頁 201）

的，便是《華嚴經》。㉖並且進一步說明華嚴是以清淨心爲緣起，這是不同於般若的妄心緣起的立場。㉗

## 2.由《華嚴經》的淨心緣起，開展出如來藏說的立場

法師建立其如來藏思想體系，是「由《華嚴經》的淨心緣起，至《如來藏經》的如來藏說，再到本論（《大乘起信論》）的一心二門說，如來藏緣起觀，即達於圓熟」。㉘由上述資料可看出，法師於 1969 年對他前一年所提出的淨心緣起系，不但做了進一步的說明，並也思考淨心緣起系的標名，是否可以包含後期發展的如來藏立場。㉙

---

㉖　同上註，頁 199。

㉗　「從華嚴的思想而言，……因華嚴是基於緣起觀的立場，以清淨心爲緣起的著眼，故也與般若的妄心緣起的立場不同。其他哲學的唯心論，則未嘗有緣起的觀念。緣起觀本爲佛陀於菩提樹下所證悟的結果，由無明、行，而至老死，這可以稱爲基於妄心而產生的『有』；若用眞智觀照，此『有』是幻有，是空，般若的妄心緣起觀，即基於此一理論。可是經過『空』以後的緣起，從妙有的立場看，這個緣起，便是淨心緣起了。」（同上註，頁 200）

㉘　同上註，頁 254。

㉙　法師於 1992 年〈序正見法師英譯《華嚴經・如來出現品》〉，進一步說明其原因，因華嚴則屬於初期的系統，而如來藏說就如文中所說是到《如來藏經》及《大乘起信論》等較後的發展中始達於圓熟。因此應無法以初期的淨心緣起包含後期開展的如來藏思想，是以文中他說「印度大乘聖典的出現，可以分作初中後的三期，般若及華嚴兩大系統，則屬於

　　簡言之,法師早於 1969 年即提出大乘佛教尚有淨心緣起的一系,確立他大乘三系的分判。而其淨心緣起系的經論根據,是依《華嚴經》的淨心緣起觀來說明妙有。法師認為在《般若經》中雖有妙有的思想,但後續開展此思想的則為華嚴的淨心緣起觀,因此以此經證做為依據。筆者認為此乃法師從青年時代進入中年時代的「綜合性研究」,於佛法的研究中知道有如來藏系統,但對如來藏思想因沒有自己的分析考察和著作經驗,故他自謙為僅是「浮光掠影」的了解。

　　本期之特色可以「確立有第三系」,以及「提出淨心緣起系」兩部分為代表。亦即,法師從軍中退役二度披剃後,自 1960 年至 1969 年間,因受太虛大師和印順長老兩人著作的影響,知道印度大乘有三系,參照二師資料,法師根據大乘思想的源流,分判三系為般若中觀系、瑜伽唯識系與淨心緣起系以「確立有第三系」,依《華嚴經》的清淨心的妙有觀「提出淨心緣起系」。

---

初期。華嚴略晚於般若,般若宣揚畢竟空的勝義,華嚴則依於空義,建立純淨無限的妙有世界。(〈序正見法師英譯《華嚴經‧如來出現品》〉,《書序》,頁 83)有關此標名的改變與發展,詳見下文探討。

## 表四：聖嚴法師大乘佛法分系（早期）

| 太虛大師　➡ | 聖嚴法師　⬅ | 印順長老 |
|---|---|---|
| 1940 年<br><br>● 漢傳佛教三大系<br>● 依中國漢傳佛教把佛法根據八宗歸納爲三大系 | 1968 年提出<br><br>● 大乘佛教三大主流<br>● 參考兩位大師的思想，認爲漢傳禪佛教即是佛陀本懷。 | 1941 年<br><br>● 印度大乘佛法三大系<br>● 以經論思想，不以宗派歸類，回到印度佛教源頭予以釐清。 |
| 法性空慧宗 | 般若中觀系 | 性空唯名論 * |
| ● 三論宗：吉藏 | ● 此系源出於原始佛教的緣起觀，經大眾部的孕育，至龍樹菩薩而集大成。 | ● 中觀學派：龍樹、提婆、清辨、月稱 |
| 法相唯識宗 | 瑜伽唯識系 | 虛妄唯識論 |
| ● 唯識宗：玄奘、窺基 | ● 根源於原始佛教，經過上座部小乘佛教的推演，在西北印度最爲盛行。 | ● 瑜伽學派：彌勒、無著、世親 |
| 法界圓覺宗 * | 淨心緣起系 | 真常唯心論 |
| ● 前述兩宗以外的六宗 | ● 根據心性本淨的大眾部思想而來，有泛神論的色素。 | ● 如來藏系的經論 |

註：標 * 者爲該大師偏重的思想。

# 二、第二期：1969 至 1975 年

## （一）摸到如來藏研究方法的門徑

本段將從法師到日本後，經過學習與摸索，並受到當時日本學者研究的影響，而掌握如來藏系統與研究方法的門徑，因而也開始重建他的如來藏思想。這段時間的發展，可由法師對如來藏經典的源流、發展與影響，看出他對如來藏的認知。法師認為如來藏思想可分為兩大區域，一為印度如來藏的發展，另外為在中國開展出的佛性觀。❸其中印度如來藏的發展，因為受到日本學者的影響，而了解到如來藏經論的源流，以及如何進行如來藏的研究方法等門徑。進而，法師所撰寫的博碩士論文是與蕅益法師的研究有關，從蕅益對隋代《大乘止觀法門》的註釋書，到明末諸論著的研究中，法師對中國的佛性觀，已有體系的掌握。在這段過程中，法師對於中國佛性如來藏也開始有整體性的認知，❸由此可了解法師於此段時間，對如來藏的古今教判與源流，應已

---

❸ 於中國開展的如來藏思想，法師有時會以連用詞彙的「佛性如來藏」或「如來藏佛性」區隔與印度如來藏之不同。

❸ 直到晚年，由 2001 年《自家寶藏 —— 如來藏經語體譯釋》及 2006 年《華嚴心詮 —— 原人論考釋》的著作中，法師始明確說明其中國「佛性如來藏」體系。

有所建立。

## （二）研究如來藏思想的參考依據

法師在 1971 年發行的碩士論文《大乘止觀法門之研究》提到：「近世以來，特別在日本的佛教學界，對於如來藏思想的研究成果，已可謂相當豐富，與如來藏有關的大乘經論相當多，若以類型來加以考察，可有十五種或十七種之多。」❸此段引文可以分兩部分討論。

### 1. 日本學界於如來藏思想的研究成果

由於法師提到在日本的佛教學界，對於如來藏思想的研究成果，已可謂相當豐富，那麼當時日本有哪幾位學者曾影響法師的印度如來藏思想？而這些學者的如來藏思想的研究成果有哪些？

首先，就法師在日本受到哪幾位學者的影響探查，於《法鼓全集》中法師曾列出許多日本學界的知名學者。❸今從法師的著作中整理出法師於日本撰寫論文期

---

❸ 《大乘止觀法門之研究》，頁 136。
❸ 譬如，於《留日見聞》中法師曾介紹大正大學及東京大學等校的佛學學者，也於日本學術會議中見到多位學者。由此可知，法師留學期間已接觸了日本佛教學界的研究及豐富的成果等資訊，本文僅舉與如來藏研究有關的學者為例。（參見釋聖嚴，《留日見聞》，《法鼓全集網路版》，第 3輯第 4 冊，頁 223-225、326）

間，曾引用過與如來藏有關著作的學者爲例，以筆畫排
序大約有下列幾位：小川弘貫、宇井伯壽、常盤大定、
望月信亨、勝又俊教及藤堂恭俊等人；法師所參照與如
來藏有關的文章約有《大乘起信論之研究》、〈心性說
の類型的考察〉、《佛教における心識說の研究》、
〈如來藏の識說的理解〉、〈楞伽経に於ける如來藏思
想〉與《攝大乘論研究》等文。❸法師說：「在日本，
也有幾位專攻如來藏研究的學者，其中則以高崎直道教
授的成果最爲輝煌。」❸同時，法師也於 1969 年在「日
本佛教文化會議」的印度分科會議中，知道當時在駒澤
大學教書的高崎直道副教授也與會發表論文。❸法師雖

---

❸ 法師於《大乘止觀法門之研究》引用到下列幾位學者的著作如下：
  1. 小川弘貫〈楞伽經に於ける如來藏思想〉，《印度學佛教學研究》9 卷
  1 號。
  2. 宇井伯壽《攝大乘論研究》。
  3. 常盤大定《支那佛教の研究》。
  4. 望月信亨《大乘起信論之研究》。
  5. 勝又俊教《佛教における心識說の研究》；〈心性說の類型的考察〉，
  《印度學佛教學研究》10 卷 1 號。
  6. 藤堂恭俊〈如來藏の識說的理解〉，《印度學佛教學研究》2 卷 1 號。
❸ 參見《華嚴心詮——原人論考釋》265 頁，或《天台心鑰——教觀綱
  宗貫註》302 頁也提到：「日本東京大學的高崎直道博士，是如來藏的
  專家。」
❸ 1969 年刊於《香港佛教》115 號的〈留日見聞〉文中，法師曾詳細描述
  與會學者及背景，可知法師留日期間對日本學界的用心觀察。詳細資料
  請參見 1969 年到 1978 年間撰述的《留日見聞》。

多次提到高崎直道並肯定他的如來藏研究地位，但從法師於撰寫博碩士論文期間的論述與引用資料看來，當時應沒有參考到高崎直道的如來藏研究資料，❸直到中壯年期才有機會參照高崎直道的資料。❸

## 2. 有關大乘經論與印度如來藏三階段

於前引文中，法師提到與如來藏有關的大乘經論有十五種或十七種之多。因此，本段擬就法師所參照過的文獻資料，重整法師當時所了解的如來藏思想及判別。雖然法師提到有十多種的如來藏相關經論，但並未列出這些經論，因此需查照所用的原書後，列出如下：《如來藏經》、《不增不減經》、《央掘摩羅經》、《大法鼓經》、《勝鬘經》、《大乘涅槃經》、《無上依經》、《入大乘論》、《大乘莊嚴經論》、《攝大乘論釋》、《佛性論》、《寶性論》、《大乘法界無差別論》、《入楞伽經》、《大乘密嚴經》、《金剛三昧經》、《大乘

---

❸ 雖然，高崎直道已於 1966 年發表英文版的《寶性論》研究。（Takasaki, Jikido. *A Study on the Ratnagotravibhāga (Uttaratantra): Being a Treatise on the Tathāgatagarbha Theory of Mahāyāna Buddhism*, 1966）但日文本的《如来藏思想の形成──インド大乘仏教思想研究》，直至 1994 年才出版。有關高崎直道著作與內容，參見杜正民，〈當代如來藏學的開展與問題〉，《佛學研究中心學報》第 3 期，頁 251-252。

❸ 如 2002 年發行的《天台心鑰──教觀綱宗貫註》及 2006 年的《華嚴心詮──原人論考釋》等書。

起信論》等十七種與如來藏有關的大乘經論。❸

　　這些經論所探討的議題，涵蓋「皆有如來藏、如來
藏九喻、如來藏四喻、如來藏與法身菩提心、如來藏與
一乘皆成、心性本淨與客塵煩惱、空不空如來藏、如來
藏染淨依持、如來藏與無我（大我）、如來藏的五蘊、
如來藏的三義、如來藏的十相、如來藏與阿梨耶識、如
來藏與心識說與如來藏與阿摩羅識」等議題。❹藉由這
些議題，法師於碩士論文中，列舉與《大乘止觀法門》
最有關係的六種經論之內容，繼續發揮於其大乘止觀法
門之研究。❹由上述資料，可大約掌握法師當時與他的

---

❸ 查照勝又俊教於《佛教における心識說の研究》的〈第三章　如來藏
　思想發達〉600 頁中，總共列出十七種與如來藏有關的大乘經論。如
　再以此資料與法師晚年參照印順長老所舉出的如來藏主要經典「《如來
　藏經》、《大涅槃經》、《大法鼓經》、《勝鬘經》、《無上依經》、《不增不
　減經》、《密嚴經》等十六種，主要的論典則有《寶性論》、《佛性論》、
　《大乘法界無差別論》等三種」做比較，可看出是有些不同。(《天台心
　鑰──教觀綱宗貫註》，頁 303) 進而，法師留日期間，所參照的這些
　經論，也與高崎直道於《如來藏思想の形成──インド大乘仏教思想研
　究》所提的「如來藏系經論系統圖」、「如來藏相關的漢譯經論」等資料
　有所不同。簡言之，此十七種經論中，有些非與如來藏思想直接相關的
　經也列入其中。

❹ 勝又俊教，《佛教における心識說の研究》，頁 600。

❹ 如於《大乘止觀法門之研究》137 頁中，法師表列出：「皆有如來藏」、
　「心性本淨、客塵煩惱」、「空不空之如來藏」、「如來藏之染淨依持」、
　「如來藏之三義」、「如來藏與阿梨耶識」，以及「如來藏與心識說」等議
　題，並接續於論文第三章《大乘止觀法門》的基本思想中分節討論。

研究有關的如來藏經論及所探討的問題。

　　法師對於如來藏經論的理解，以及受到日本學者所影響的如來藏思想內容，除了前文所討論的資料以外，亦可從其參考引用文獻中探討到相關線索，譬如法師於研究中看到日本學界對如來藏相關經典的分期與關係，從而了解到如來藏於印度發展依經論內容，可分為三個階段：

　　1. 宣說如來藏的經典群起（《如來藏經》、《不增不減經》等）。

　　2. 將第一階段的經典群，整理組織而成立了發揚如來藏書群起（《佛性論》、《寶性論》等）。

　　3. 再將如來藏思想與阿梨耶識思想，結合起來的經論群起（《楞伽經》、《起信論》）等。❷

　　也就是說依這群經論的內容，可分為初期「宣說如

---

❷　參見小川弘貫，〈楞伽經に於ける如來藏思想〉，《印度學佛教學研究》9卷1號，1961年1月，頁213，以及藤堂恭俊，〈如來藏の識說的理解〉，《印度學佛教學研究》2卷1號，1953年9月，頁151，也提到「《勝鬘經》是第二期大乘經典，它已將如來藏思想發達至於極點，《楞伽經》是第三期大乘經典，它便展開了如來藏思想的識說」。（《大乘止觀法門之研究》註二四，頁146）

來藏」的經典群，繼之「發揚如來藏思想」的經論，以及後來結合如來藏思想與阿梨耶識思想，而開展出「如來藏識說」的經論等階段。

由上述日本學者所分的三個階段，看出他們的主要論點，是以印度佛教做為分判，尚未能清楚地分隔出與中國佛性思想的差別。是以，法師根據望月信亨與常盤大定等學者的意見，提出「《起信論》將如來藏與阿梨耶識思想，結合為一的傾向」，以及此傾向對中國佛教的影響，因而於日本撰寫博碩士論文期間，法師逐漸開展出他個人對中國佛性思想的建構基礎。❸

## （三）蕅益的如來藏思想對法師的影響

有關法師中國佛性思想的建構，於法師的博士論文中可進一步看出其發展，因此擬就法師撰寫博士論文《明末中國佛教の研究》這段時間的發展做探討。❹事實上，法師的博士論文是承續其碩士論文的思想，繼續

---

❸ 《大乘止觀法門之研究》，頁 136 及頁 146 註二二與二三。
❹ 從該論文中整理與「如來藏」有關的詞彙，計有如來藏緣起觀、如來藏思想、如來性、如來藏心、如來藏隨緣說、如來藏妙真如性、空如來藏、不空如來藏、清淨如來藏，及染污如來藏等詞。從聖嚴法師《明末中國佛教の研究》中，可略知法師於博士論文承續研究的部分內容與碩士論文所討論的如來藏思想有關。

對蕅益大師作研究，因此其思想是一貫的，可說法師藉由蕅益大師的研究，建立個人對中國佛教的系統性的理解。

　　譬如，法師於〈我的中心思想〉一文中，曾清楚表示他在日本撰寫論文期間，受到蕅益大師的影響。❹進而，他也說：「當我寫完了這部（博士）論文時，發現蕅益智旭的一生，非常地用心和誠心。一面全力以赴地從事於信仰的實踐，另一方面，又夜以繼日，年復一年地闡揚經、律、論三藏的佛教教義。」❻這些特質應也對法師產生了影響。至於在如來藏的研究有哪些影響，可再從法師的資料看出，「蕅益大師在印度大乘佛教的三個系統之中，討論到真如、如來藏的性宗及瑜伽唯識的相宗，卻未討論過龍樹、提婆的中觀」。❼因此，本文接續探討蕅益大師的如來藏觀。

　　首先，就法師對蕅益大師的分期與理解，大略分為下列三期：

---

❹　「到了日本，撰寫論文期間，也受到蕅益大師的影響。我在前面已經講過，蕅益及太虛兩人，都有佛法一體化的所謂『圓融』的主張，那也就是中國本位佛教的特色。」（〈站在路口看街景〉的「三、我的中心思想」，《聖嚴法師學思歷程》，頁169）

❻　同上註，〈我的博士論文〉，頁125。

❼　同上註，頁125-126。

1. 青少年期（12 歲至 33 歲）有兩條路線

（1）以《楞嚴經》爲中心而討論禪和淨土的問題。

（2）以禪爲中心而討論戒律的問題。

2. 壯年期（31 歲至 49 歲）前後兩個階段

（1）前期（31 歲至 39 歲）闡揚法性與法相融會的思想，以《梵網經》爲中心的「心體」思想。

（2）壯年後期（40 歲至 49 歲）對《楞嚴經》的再重視，發揮諸宗融通的修道論；把天臺教觀和唯識思想調和，歸結到淨土的思想。

3. 晚年期（50 歲至 57 歲）

其思想側重於《楞伽經》和《大乘起信論》，達成性相融會、諸宗統一論的目的。❹

---

❹ 「第五章是討論智旭思想之形成及其展開，從他十二歲到三十三歲的階段，有兩條路線：第一是以《楞嚴經》爲中心而討論禪和淨土的問題；第二是以禪爲中心而討論戒律的問題。到了壯年期分成前後兩個階段：前期是從三十一歲到三十九歲，闡揚法性與法相融會的思想，也是以《梵網經》爲中心的『心體』思想。他的壯年後期是從四十歲到四十九歲，乃對《楞嚴經》的再重視以及發揮諸宗融通的修道論；接著他把天臺教觀和唯識思想調和，同時又歸結到淨土的思想。到晚年期，是從他的五十到五十七歲，他的思想則側重於《楞伽經》和《大乘起信論》，因此而達成了他的性相融會、諸宗統一論的目的。」（同上註，〈我的博士論文〉的「三、撰寫論文的發現」，頁124）

接者法師就蕅益智旭的「性相融會」進一步說明：

> 因為《楞伽經》是如來藏系統的經典，同時也有
> 「五法三自性，八識二無我」的唯識思想，是一部
> 兼具如來藏性宗思想和唯識相宗思想的經典。《大
> 乘起信論》既講真如及如來藏的性宗觀念，又講阿
> 黎耶識的相宗思想。[49]

所以法師認為蕅益大師就是站在這樣的立場看所
有一切經教，應該是互相互融，同樣地，法師也認為
蕅益大師對性相兩系的經典，是同等看待的。[50]法師也
了解蕅益智旭所討論的唯識，亦不是正統法相宗的觀
點，「他的目的不在於發揚唯識思想，已經非常清楚
了」。[51]可知法師從《大乘止觀法門之研究》到《明末
中國佛教の研究》這段時間所受到蕅益大師的影響。另

---

[49]　同上註。

[50]　同上註。

[51]　「而他所討論的唯識，也不是正統法相宗的觀點，他沒有參考慈恩窺基大
師的《唯識大疏》，並且使用天臺宗的著述方式，故特別加入『觀心釋』
的一科。這個『心』不是唯識所講的八識心王的心，而是強調『萬法唯
心』的心，用唯心來解釋唯識。所以他那本書的名字就叫作《成唯識論
觀心法要》，他的目的不在於發揚唯識思想，已經非常清楚了。」（同上
註，頁126）

一方面，亦可從法師於論文中多次提到蕅益大師的「現前一念心」看出端倪。於 1977 年的〈近代中國佛教史上的四位思想家〉一文中提及：

> 蕅益智旭創立了現前一念心的哲學觀念，作為解釋各種經論中所持不同的論說，以期達成將各宗所持的異見異說，統一起來的目的。❷

何謂「現前一念心」？所謂現前一念心，是蕅益智旭哲學思想的特色所在，是採用天台智者「介爾一心」的觀念，是指我人的第六意識，也可稱作妄心，此為妄心觀的修證方法。❸

---

❷ 原刊於 1977 年 5 月《華學月刊》65 期，參見釋聖嚴，〈近代中國佛教史上的四位思想家〉，《評介・勵行》，《法鼓全集網路版》，第 3 輯第 6 冊，頁 11。

❸ 「此所謂現前一念心，乃是蕅益智旭的哲學思想的特色所在，這雖是採用了天臺智者《摩訶止觀》所說介爾一心的觀念而來，智者的介爾一心，是指我人的第六意識，也可稱作妄心，在此第六意識的任何一念之中，均含有十法界的全部，此在天臺宗稱為妄心觀的修證方法。」（同上註，頁 10-11）

❹ 「蕅益智旭的現前一念心的主要任務，是在說明《大乘起信論》的『一心真如』和《楞嚴經》的『如來藏妙真如性』，因為《大乘起信論》的『真如』有受熏之說，《楞嚴經》的『如來藏妙真如性』有隨緣之義，熏於清淨則為解脫的聖者，熏於染污則為在纏的凡夫；不論隨淨緣或隨染緣，為聖者或為凡夫，真如的體性是不變的。凡夫無從親見真如的體

　　法師進而解釋，蕅益智旭的現前一念心的主要任務，是在說明《大乘起信論》的「一心真如」和《楞嚴經》的「如來藏妙真如性」。❸於此他深刻了解到蕅益大師為何需創立「現前一念心」來解釋不同論說的用意，此體認可由法師的後期著作中看出端倪。

　　法師也說到雖然蕅益智旭的思想基礎是禪宗的，但他反對中國的祖師禪或公案禪。並說蕅益智旭的佛學思想，是循著印度的馬鳴和龍樹，中國的智者、澄觀，而至唐宋的延壽等大師，但他並不以中國佛教各宗派中的任何一派為滿足。❸這些也可從法師的著作與個人的事

性，日常感覺到的第六意識的心理活動，對任何人均不陌生，它雖不即是清淨的真如，也未離開清淨的真如，所以蕅益智旭創立了現前一念心的哲學觀念，作為解釋各種經論中所持不同的論說，以期達成將各宗所持的異見異說，統一起來的目的。」（同上註，頁 11）

❸「蕅益智旭的思想基礎是禪宗的，但他反對中國的祖師禪或公案禪，乃是以《大佛頂首楞嚴經》（以下略稱《楞嚴經》）為主的如來禪。據他自己的表白，他的佛學思想，是循著印度的馬鳴和龍樹，中國的智者（西元五三八—五九七年），澄觀（西元七三八—八三九年），而至唐宋的延壽（西元九〇四—九七五年）。實際上，他是以延壽的《宗鏡錄》為他的依歸，不過他是宋朝以後唯一把全部漢文《大藏經》看了兩遍以上的學者，所以不以中國佛教各宗派中的任何一派為滿足，以往的學者們，多將他視為天臺宗的繼承者，其實他僅採用天臺宗的教判方法，作為他註釋經論的工具，而非天臺宗的因襲者；也有學者將他視為淨土宗的第九祖，其實他雖一生鼓吹淨土，但他既不贊成禪淨雙修式的參究念佛，也不贊成淨土宗二祖善導（西元六一三—六八一年）的『指方立相』的修行方法，他的淨土是不離我人的現前一念心的。」（同上註，頁 10）

業發展中看出其影響。

如前述，法師完成博士論文後，發現蕅益智旭的一生，一面全力以赴地從事於信仰的實踐，另一方面，又夜以繼日，年復一年地闡揚經、律、論三藏的佛教教義。❺這也可從法師的身影中看到同樣的影子。總而言之，從這段時間可探出蕅益智旭對法師的影響。是以，於 2001 年法師說「蕅益大師是一位重視實踐的大宗教家」，❼此時正是法鼓山的世界佛教教育園區第一期工程落成，法師開始實踐其理念的一年。

## （四）本期的立論根據及特色

探討法師本期的立論根據，以其所引用的如來藏經論來看，可說是龐大的，但也是有系統的。譬如，他撰寫碩士論文所查照引用的典據計五十八次，以及判明經文多種，❸並深入參照《勝鬘經》、《楞伽經》、《起信論》及《攝大乘論》等經，做為研究《大乘止觀法

❺〈我的博士論文〉，《聖嚴法師學思歷程》，頁 125。

❼《天台心鑰——教觀綱宗貫註》，頁 42。

❸「從本書所引經論次數之多少而言，則以《華嚴經》佔第一位，其次為《起信論》，再次為《維摩經》及《楞伽經》，又次為《法華經》及《勝鬘經》。」（《大乘止觀法門之研究》，頁 36）

門》的相關文獻，並以之做爲主要的經論依據。進而，從引用蕅益智旭等明末佛教諸大師的文獻中，也可看出法師於這段時間參考經論的豐富性與廣泛性，此乃打下法師日後如來藏思想的立論基礎。

法師不但應用豐富的文獻，且從前述的如來藏體系經典中，尤其是如來藏三個發展階段的相關經論，皆是其立論的經證來源。於此時期，確如法師所言，他已經摸到研究如來藏的門徑，從其碩博士論文的寫作中，對於如來藏發展的脈絡，已經有了不同於留日前的看法，也掌握到當時日本或國際學界對如來藏的研究現況，以及新的研究方法。

如前文所說，法師中年時代到日本留學，因博碩士論文而進行「專題性研究」，對如來藏系統「摸到門徑」，因此前文探討法師在日本所學習到的內容。至於他此段時期所形成的如來藏思想特色，以下分兩部分探討。

### 1. 碩論掌握慧思如來藏之立場

法師在日本留學期間，已經形成了自己的路線，他發現印順長老是回溯到印度佛學的源頭，而太虛大師是以中國本土化爲主的大一統格局。但由於他在日本的學習，令其拓廣視野，因此法師希望能整合這兩種觀點，

成爲現代化的世界佛教。

在《大乘止觀法門之研究》中，法師從日本學界所判的印度如來藏第二期經論《勝鬘經》的空及不空如來藏思想，第三期《起信論》的如實空及如實不空的理路，了解到中國《大乘止觀法門》依如來藏與阿梨耶識和合的觀念，建立眞妄和合的「本識」，開展出不同於印度傳統如來藏三期分判，而有嶄新的漢傳佛教心意識論的體系。❺他也清楚地表明：

> 可理解到慧思禪師並未以任何一經或一論的範型爲滿足，他是站在如來藏的立場，綜理各家之言，作了新的調整。

法師也認爲這是值得注目的一項新的考察。❻

---

❺ 「本書與《起信論》的關係相當密切，所以又依《起信論》以說明一切生滅之根源，《起信論》有云：『依如來藏故有生滅心。』此在本書能生藏條下所舉經證之中，也說明了這一如來藏緣起的旨趣；在《起信論》中接著上文，連下來的是：『不生不滅與生滅和合，非一非異，說名阿梨耶識。』也被本書之所引用，故這亦即本書對於如來藏緣起所站的根本立場，以此眞妄和合的『本識』作爲中心，來展開本書所持的心意識論的體系。」（同上註，頁141）

❻ 「可理解到慧思禪師並未以任何一經或一論的範型爲滿足，他是站在如來藏的立場，綜理各家之言，作了新的調整。除了能所二藏之義，係取自

## 2. 博論濡染蕅益如來藏之融會

如前文的探討，了解法師受到蕅益大師影響的部分。可知此時期法師受蕅益及太虛兩人的影響，確立具有中國文化特色的「中國本位佛教」，❻並從上述資料中，法師明白蕅益大師晚年是依如來藏相關經論教義，達成「性相融會、諸宗統一」的目的。

總之，本時期法師不同於第一期僅受太虛大師及印順長老的影響，而是已經開始拓展視野，從個人的學習或日本學者的著作，以及國際研討會議中，掌握了新的研究資料與方法，不僅清楚大乘三系的分判，更進一步發現對如來藏也可以有不同的分期。對中國佛教中如來藏的系統發展，也從隋慧思禪師到明蕅益大師之中，體會到「綜理各家之言，作新的調整」的方法，因此奠定

---

《佛性論》的如來藏之三義之外，更進一步，又加上了能生之義，這是值得注目的一項新的考察。」（同上註，頁 140）

❻「若從我的閱讀和寫作的範圍及其性質來看，好像非常龐雜。其實我在臺灣南部閱讀《大藏經》的階段，已經有了一個明確的思想路線。我必須承認，受到太虛大師和印順法師兩人很大的影響。到了日本，撰寫論文期間，也受到蕅益大師的影響。我在前面已經講過，蕅益及太虛兩人，都有佛法一體化的所謂『圓融』的主張，那也就是中國本位佛教的特色。我是中國人，我對中國的佛教不能沒有感情，所以不僅能理解他們的用心，也很佩服他們的用心。中國佛教，應該具有中國文化的特色才對。」（《聖嚴法師學思歷程》，頁 169）

法師未來創立獨特的如來藏教法與現代實踐的基礎。

　　以上為法師於 1969 年至 1975 年間在日本留學，因撰寫博碩士論文而對《大乘止觀法門》、明代佛教與蕅益大師的著作，以及相關文獻進行專題研究，因此，此段時間可說是法師中年時代的「專題性研究」期。此時，法師的論文及其相關的研究主題，大都是扣緊「如來藏與唯識」思想的整合為主，但尚未處理「如來藏與中觀」的部分，故接續往下探討法師的如來藏「有」與中觀「空」的思想發展。

## 三、第三期：1975 至 1989 年

　　印順長老認為印度佛教發展的分期乃至衰滅，「如來藏」思想是重要的關鍵性因素，然而，依聖嚴法師的觀點而言，則認為從印度佛教史與中國佛教史的演變來看，其實僅是一段「空」與「有」論諍的發展演變史，即是對「無我」與「我」在教義上偏重的問題爭議。尤其佛教發展至後期，在論及有關「生死依」與「涅槃依」的問題時，對於「空」與「有」、「無我」與「我」就抱持各自的立場以及有所偏重，整個過程其實可視為是單純的佛教思想、教理教義的發展歷程。以下即進一步梳理聖嚴法師將「空」與「有」二者的釐清與

融合過程，並依時序及著述做一脈絡性的鋪陳。

## （一）聖嚴法師禪思想的兩個系統與著述

聖嚴法師學成後，奔波於臺灣與美國兩地，在大學及研究所任教，同時也在東西方指導中國禪法的修行，此時法師開始面對禪宗與如來藏的問題，因此他提到有關禪的思想，可分作「如來藏的有」與「中觀的空」兩個系統來探討。❷此時期，法師除了將已發表的日本留學相關文章資料彙集於《留日見聞》發行之外，同時，也開始發表個人有關佛法與禪法的文章。❸從此時期的著作看來，法師於禪修與禪學的資料相當豐富，他雖未嘗以禪者自期，亦未嘗以禪師自詡，卻由於教授禪的修行方法，自 1975 年至 1989 年間，他在臺北及紐約兩地，已出版了多種關於禪的書籍。❹

---

❷ 「在大學及研究所任教期間，是以漢系佛教爲主、他系佛教爲輔的開展性研究。同時我在東西方指導中國禪法的修行，禪的思想則分作兩個系統來探討：1. 如來藏的有，2. 中觀的空。」（《抱疾遊高峰》，頁 212）

❸ 而有關佛法與開示方面的文章，後來大都蒐集於《佛教入門》。（參見釋聖嚴，《佛教入門》，《法鼓全集網路版》，第 5 輯第 1 冊）

❹ 「我未嘗以禪者自期，亦未嘗以禪師自詡，卻由於教授禪的修行方法，並且主持禪七，故與禪門結下了殊勝因緣。自一九七九年三月以來，若將本書包括在內，我已在臺北及紐約兩地，出版了七種關於禪的中文書籍。」（參見釋聖嚴，《禪的生活》，《法鼓全集網路版》，第 4 輯第 4 冊，

　　雖然這段期間，法師直接談到如來藏的文章不多，但有關禪修的書籍在這段時間卻頗為豐富，同時法師也認為這些禪修著作可算是他的各類著作之中，最受一般讀者所愛讀的。通過文字的媒介，令其在東西半球推廣不立文字的禪學，產生了正面的影響。❻由此，可看出法師這段時間於禪法教學上的用心，因為教導禪修談及「空與有」的問題，所以在這些資料中尋找法師如來藏相關的文獻，同時將分四個面向作一綜合性的探討。首先是透過這時期的相關著述，了解這一時期修行教法中與如來藏相關的重點與特色。其次則進一步了解這些思想觀點的經教來源與依據，以探討法師從禪法修行的角度，如何融合如來藏的「有」與中觀的「空」這二個系統？最後則總結其獨特教法，以及不同於前人之處。

---

頁3）

❻ 「我在紐約的法鼓出版社，自從一九八二年出版《佛心》（*Getting the Buddha Mind*）以來，又於一九八七年出版《開悟的詩偈》（*The Poetry of Enlightenment*）及《信心銘》（*Faith in Mind: a guide to ch'an practice*），一九八八年出版《摩根灣牧牛》（*Ox Herding at Morgan's Bay*），一九九〇年出版《寶鏡無境》（*The Infinite Mirror*）及《智慧之劍》（*The Sword of Wisdom*）。同時也由臺灣的東初出版社印行。以上八種中英文禪書，由其再版次數及發行量而言，應該算是我的各類著作之中，最受一般讀者所愛讀的。通過文字的媒介，我在東西兩個半球推廣不立文字的禪學，也產生了若干正面的影響。」（參見釋聖嚴，〈自序〉，《禪與悟》，《法鼓全集網路版》，第4輯第6冊，頁4）

## （二）本期的立論與經證

### 1.1978 年引用「空如來藏」、「不空如來藏」

聖嚴法師在日本學成之後，可以看到的最早著述，是在 1978 年於慧炬佛學社的一場演講稿：〈唯心與唯名〉。此文章中，法師重新判攝印度大乘三大系，即其更改了三大系之標名，這或許是法師在日本學習後的一個心得呈現。他將印度佛教大乘三系稱爲：眞常系、性空系、唯識系，文中亦表明此三系的判攝看似僅名稱上的不同，各系在修行方法上其實是有所偏重的。譬如，以唯心系而言，是重視心的本源及其結果；以唯名系而言，則是重視對現前這一妄心的認識。同時也將眞常系與唯識系定義爲唯心系，法師也表明這不是個人獨特的判教，他還是依循前人的方式，只是在標名上、在理解上有一些不同。

從其著述中可知，此時期法師已開始提出如來藏的相關內容，同時介紹各經論中的用詞：

> 由清淨的真如心，而有空如來藏與不空如來藏（如《勝鬘經》），又由真如心而開出不生滅與生滅的二門（如《大乘起信論》），如來藏隨淨緣，則為清淨真如心；如來藏隨染緣，則成生死的第八

阿賴耶識。……在《楞伽經》中稱：「寂滅名為一
心，一心名為如來藏」。⑯

這些有關空如來藏、不空如來藏、染淨等名詞，聖
嚴法師僅做一概略的介紹，並無個人的詮釋，但在文末
有點出了一些個人的基本觀點：

唯心系的佛學思想，重視心的本源及其結果。唯
名系的佛學思想，則著重於現前這個妄心的認識，
追尋到了源頭，便是修行的結果；要對現前妄心的
徹底認識，必須有修持的努力作為代價。所以，不
論從那個角度看，佛學的目的都是教人以切實的修
持來完成解脫與自在的聖果。⑰

⑯ 「由清淨的真如心，而有空如來藏與不空如來藏（如《勝鬘經》），又由
真如心而開出不生滅與生滅的二門（如《大乘起信論》），如來藏隨淨
緣，則為清淨真如心；如來藏隨染緣，則成生死的第八阿賴耶識。由此
而形成了真妄和合的心。在《楞伽經》中稱：『寂滅名為一心，一心名
為如來藏』，此處並無真妄之分，但在《勝鬘經》的空如來藏是指清淨
心，不空如來藏已有染淨的功能在內。《大乘起信論》則明白地指出如來
藏是隨緣的真如心，是真妄和合的心，亦即是在染則染、在淨則淨的眾
生心了。」（《佛教入門》，頁135）
⑰ 同上註，頁143。

　　此一時期，聖嚴法師已經強調：佛法重在實修與對無我的體證，不做哲學上本體論的思辨，因而談一些形而上的問題，這不是佛陀真正所要表達的，佛陀並不希望信仰他的人，把他所說的話當作學問來研究。法師所提到的：追尋到了源頭，便是修行的結果；要對現前妄心的徹底認識，必須有修持的努力做爲代價。即是強調學佛不是在做學問，事實上是要修行，這是他覺得最重要的部分。因此，雖然得到了博士學位，但是他並沒有強調學術的重要，還是再一次地強調修行更重要。

　　2.1984 年提出「無自性的空性即是佛性」

　　聖嚴法師首於 1984 年提出「無自性的空性即是佛性」的說法，並以《金剛經》的「無住生心」的空觀，解釋「佛性」。於《拈花微笑》一書中，針對兩個提問：一、《金剛經》中的「無住生心」是不是不動心？二、「諸法因緣起，我說即是空」，既然是空，爲什麼還有佛性？❸法師回答說：

　　　　無住生心是不動心；諸法無自性，是緣起性空，
　　　　這是佛學上的理論。無自性是眾生無自性，無自性

---

❸　參見釋聖嚴，《拈花微笑》，《法鼓全集網路版》，第 4 輯第 5 冊，頁 142。

的空性即是佛性。

另外，同書中，於 1985 年法師再次提到：「人人本具的般若空性或本然佛性。」⑥由上可看到，此時法師已藉由「諸法因緣起，我說即是空」來等同般若空性、佛性。但筆者認為還有兩個問題需回答：既然是空，為什麼還有佛性？以及「無住生心」是不動心，為何有功能？因此，再繼續說明如下。

對於「既然是空，為什麼還有佛性？」這一問題，法師藉禪宗四祖道信和五祖弘忍之間的一段對話，說明什麼是「性」與什麼是「常」。

　　道信禪師問他「姓」什麼？問的是家族的姓，小孩卻答非所問地說：「我是佛性。」那也等於是「道可道非常道，性可性非常性」。而什麼是「性」是「常」呢？只有「佛性」是常「性」，是永恆不變的空性。⑩

---

⑥　同上註，頁 264。
⑩　同上註，頁 133。

　　法師藉由二者的對話，解釋了佛性與空性是一樣的，即以恆「常」的「佛性」等同於「永恆不變」的「空性」。

　　另一問題是：「無住生心」是不動心，為何有功能？法師於 1984 年 9 月 30 日農禪寺禪坐會開示〈守一與守心〉時，則提到：

　　　「守心」是經常不斷地守住「不動心」，當守住不動心時，涅槃法就自然顯現。涅槃法是不動法，也就是「自性清淨心」，「自性」是佛性、本性的意思。自性既然是佛性，佛性不動就產生不動心的作用，不動本身又叫作涅槃或寂滅，當佛性產生不動心的作用時，也就產生度化眾生的功能。❼

　　法師以此解釋，何以當佛性產生不動心的作用時，也就產生度化眾生的功能。可知，此時法師在教學與教禪期間，不但開始探討佛性與空性的關係，法師並以禪宗公案中「空性」與「佛性」的關係做討論。筆者認為其關鍵點應為「作用與功能」，這思想的成熟，應是

---

❼　同上註，頁 141。

在 1989 年法師所撰述的〈《六祖壇經》的思想〉一文中，❷將於下文做進一步的說明。

### 3.1988 年提出「佛性就是空性」

1988 年法師於〈時空與生命的超越〉這場演講中，提到「從聖人立場看生命的形成」時，介紹了如來藏緣起，再次引「空如來藏」與「不空如來藏」，做為與凡夫如來藏的區別。他把「藏」與「識」在某種程度上做一結合，稱為「如來藏識」，說明眾生與佛無異，一切眾生自心即是如來的寶庫，其中藏有如來，是法師從凡夫的角度所做的詮釋。這是《楞伽經》的主要思想，在《六祖壇經》中亦有所引用。另一重點則是從佛的角度來看，成佛後的如來與眾生一樣，同具如來藏，不過分為空與不空兩種。❸

---

❷ 《禪與悟》，頁 294-323。

❸ 原文：「另外還有一種叫如來藏緣起。所謂如來藏，多半是在凡夫眾生的位置上來看的，也就是每一眾生都有成為如來的可能。在眾生的第八識阿賴耶中，如果此人專造有漏的善惡諸業，那麼藏的是凡夫的種子；如果修持戒、定、慧三無漏學，並以無我無私的心量修行布施等佛業，就成為無漏的善法，藏的即是成佛的種子。儲藏凡夫種子的第八識稱為阿賴耶，藏著無漏種子的第八識稱為如來藏，故曰：『如來藏中藏如來』。從佛的立場看，一切眾生與佛無異，一切眾生之心，即是如來的寶庫，其中藏有如來。成佛後的如來亦與眾生同具如來藏。」（同上註，頁256）

　　本演講後段在說明禪宗「頓悟自性」的見地時，亦簡要地提到「自性」、「佛性」、「空性」與「如來性」是不二的關係：

> 　　所謂頓悟自性，就是直接而不假任何手段、步驟，就能領悟到「諸法自性空」是什麼。自性就是佛性，佛性就是空性，空性就是如來性。❼

　　事實上，聖嚴法師先從名詞解釋來看自性，並以「佛性」來串連自性與空性，最後指出如來性即是如來藏。進而提到要能頓悟無我或空性的自性，就要用禪宗歷代祖師教的修行態度與方法。

> 　　至於如何能夠頓悟無我或空性的自性，就要用禪宗歷代祖師告訴我們的態度和方法，例如馬祖所說的，經常保持平常心；六祖所說的，經常保持直心。……其實平常心和直心的意義相同，如果去掉自我中心的分別執著，那麼舉心動念無非平常心或直心，當下就和無我的空性相應。❼

---

❼　同上註，頁 261。

從中看出重點是在禪修，而禪修重點在於袪除以自我為中心的分別執著。袪除分別執著以後，當下即可與無我的空性，也即是佛性相應。筆者認為在這段期間，法師所提出來的如來藏教法有一個特色與重點，即是他提出了「佛性即是空性」這個觀點。然而，若要再詳盡地了解法師所提出的教法，則需要再往下探討相關的資料。

### 4.1989年融合「空」與「有」

聖嚴法師除了根據禪宗歷代祖師教導禪修的態度與方法來帶領禪修之外，於1989年發表〈《六祖壇經》的思想〉一文，其中所提的若干論點，實可做為其對如來藏的「有」與中觀的「空」相融通的重要文獻，亦可視為其教法的主要特色與經證來源。法師從這兩方面，提出了佛性就是空性這個概念，筆者認為這是早期禪宗思想中少見的觀點。

聖嚴法師在其文章中提到《六祖壇經》引用不少如來藏系統的經典，例如：《勝鬘經》、《楞伽經》、《涅槃經》、《維摩經》、《梵網經》、《法華經》、《華嚴經》等等。早在1978年的〈唯心與唯名〉文章

❼ 同上註，頁262。

中他已提出了這些經典系統，依此可推論是作者在日本留學時期所整理的，可知在 1989 年以前，法師心中自有一套完整的、次第的、發展脈絡的經論系統，讓他更容易去理解如來藏與唯識及空觀的發展脈絡。

法師認爲整部《六祖壇經》的內容，主要可分爲兩大系統，一爲般若系統，另一爲如來藏系統，到底《六祖壇經》主要是在談如來藏的「有」，還是般若的「空」呢？法師在文中非常明確地點出本經的思想系統雖引用不少《般若經》系列的經典，「實則是沿襲如來藏的觀點，用般若的空慧，實證眞如佛性，即是明心見性」。❼❻可見法師傳承了禪宗一向以來的思想角度看待本經。但在進一步的論述中，法師如是說：

> 從《六祖壇經》的內容固然可以看到濃厚的如來藏思想的成分，那是受了《楞伽經》系統的影響；同時又發現他特別強調般若和智慧功能，所以又是屬於般若思想的傳承者。❼❼

❼❻　同上註，頁 294。
❼❼　同上註，頁 297。

　　法師發現到《六祖壇經》試著去整合這兩部分，對禪宗而言，這是一個很重要的過程，即開始跨出了二者相對立的狀況。接著，法師又提出在本經中，「空」與「有」的融合是值得討論的問題：

　　　　照道理，般若的思想是屬於「空」的，也可說是屬於中觀哲學的範疇；而《楞伽經》的思想既強調唯識，更強調如來藏，實際是以發揮如來藏思想為其重心，這是印度大乘佛教的另一個系統。至於《六祖壇經》怎麼可能把如來藏和中觀的兩系合而為一，這是值得討論的問題。❼⑧

　　關於這二大系的融合，聖嚴法師接著提到「《六祖壇經》是以般若為方法，以如來藏為目標」，亦即「用般若的空觀來破除煩惱的執著，以期達到『明心見性』的目的」。❼⑨法師清楚地點出般若的「空」是方法，如來藏的「有」是要達到的目標，希望以此來定義、解釋《六祖壇經》對空與有二者如何統合，以化解「有」與

---

❼⑧　同上註。
❼⑨　同上註。

「空」的論諍。後文也說明了「明心」即是無煩惱的清
淨心，「見性」是見到與佛無二無別的佛性。佛性與清
淨心分別是如來藏與般若智慧的別名，是以般若智慧達
到見性成佛的目的。以下更進一步說明二者之間的從屬
關係：

> 從中觀的立場看般若，若得般若即見諸法自性是
> 空，那就是目的，不再另有如來藏、佛性、法性等
> 目的可求。可是從如來藏系統來看，般若只是功
> 能，不是其本體；功能必定有其所屬，所以產生了
> 如來藏和佛性等思想。於是《六祖壇經》雖讓人見
> 到般若的思想，實際上是以如來藏為根本，這是非
> 常明顯的事。❽

依上文得知聖嚴法師開始意圖釐清中觀的空與如來
藏的有，也為此做了一個很好的詮釋，並再次提到《六
祖壇經》是以如來藏思想為根本，指出「清淨心的色彩
貫穿著《六祖壇經》的思想」：

---

❽　同上註，頁298。

　　所謂開悟就是悟此清淨的本心和眾生的本性，也是非常堅固而富有感化力的佛性，在眾生稱為如來藏；它裡邊藏著的是本來的佛，也就是自心之中藏著本有的佛性。如果能夠一念之間頓息一切的執著攀緣妄想，便叫作「頓見真如本性」，發覺眾生與佛無二無別。清淨心的色彩貫穿著《六祖壇經》的思想。❸

　　「眾生皆可成佛」，對我們來講事實上只是一句話，然而可以藉由修行的方法，即可頓見真如本性，這即是「眾生皆可成佛」的實證。從中可以看到《六祖壇經》對於如來藏的重視，所以法師認為，不管是「從禪出教」或是「藉教悟宗」都是一樣的：「禪也好，宗也好，都同樣是指佛性和自心的一體之兩面，此即如來藏思想的表現。」❸

### （三）本期的特色與立論根據

　　從聖嚴法師在臺、美兩地指導禪修與弘化因緣來

---

❸　同上註，頁 312。
❸　同上註，頁 311。

看，法師是爲了因應弟子們在學習過程中對「空」與「有」能有正確與深入的理解，其不僅運用歷代祖師的修證經驗與著述，亦加上法師個人在禪修上的體悟，發展出融合空有二系的獨特教法。這一時期主要的代表著述爲〈《六祖壇經》的思想〉一文，以《金剛經》的般若「空」及《楞伽經》的如來藏識「有」等文獻，加上《六祖壇經》內含的融合觀等經論，做爲他指導禪修方法的依據。《六祖壇經》也成爲聖嚴法師在帶領禪七時，非常重要的指導根據。

因此本期特色，可說是法師於 1975 年至 1989 年間，在大學及研究所任教並在各地指導禪法，經由「教學相長」而開展出其如來藏教法，此爲法師中壯年階段的「開展性研究」。以參照《六祖壇經》等經論，將如來藏和中觀兩系合而爲一，開展性的建立「如來藏有與中觀空」的禪修系統，此階段可謂法師如來藏獨特教法的開創期。

另一方面，筆者認爲此時期的教法仍尚屬「非成熟的教法期」，因爲國內外的辦學與教禪還在成長中，雖然已經有一個雛形，以及所依的立論基礎已建構起來，但是這還需要一再被實踐與操作，方可能成爲可以傳之於世的一個教法。然而，第三期卻可視爲聖嚴法師於

1989 年法鼓山成立與實踐理念前，非常重要的一個分界點。

## 四、第四期：1989 至 2009 年

　　法師於指導中國禪法的修行中，對於如來藏有與中觀空，雖已形成其獨特的禪修教法，但法師於如來藏理論與實踐的發揮，也因後來建設法鼓山的種種因緣而開始成熟。是以，本段以建設法鼓山做為分期，繼續探討法師成熟如來藏教法的階段。

　　筆者於第二章之內容中，將法師如來藏思想分作四期，主要是依據 1993 年發行的《聖嚴法師學思歷程》以及《抱疾遊高峰》中 1999 年於臺大〈我的學思歷程〉的演講稿，但在第四期中，因為法師從 1993 年的學思歷程發展到 2009 年，還有許多的面向需要釐清及補足說明。另一方面，開創法鼓山後，法師本身也從壯年後期，進入晚年，其中橫跨的時間長達二十年，因此於作法、思維等方面，或因時空因緣的不同而會有所差異。因此，本期再依法師著作的發行年份，細分為前後兩個時段，以 1989 年創設法鼓山至 2000 年做為本期前段，接著從 2001 年法鼓山世界佛教教育園區初期軟硬體基礎建設完成，❸至 2009 年法師圓寂止，做為本期的

後段。

　　簡言之，參照法師後期相關資料，以下將第四期分為前半與後半兩部分，繼續說明法師此時期的如來藏思想與開展。

## （一）1989 至 2000 年的如來藏著作與思想

　　1989 年法鼓山開創後，法師一面建設法鼓山，同時仍持續進行教學與禪法指導的工作，因此本期前半段法師除了延續上一期「教學相長」的成果，並繼續開展與確立其如來藏理論與實踐。因此，法師此期有關如來藏思想的發展，應會有些與前期重疊的部分，是以本期前半部的思想，較無法與前一期作一絕對的分隔。❽如法師於 1995 年自陳：「一九七六年起（至一九九五年），我也在東西兩半球，四處教禪、講禪、寫禪，迄今已出版了十九冊與禪相關的中英文著述。」❽可知這

---

❽　法鼓山教學大樓第一期工程完成後，2000 年底中華佛學研究所及圖書館搬遷上山，2001 年僧伽大學佛學院創校，此爲法鼓山世界佛教教育園區初期軟硬體基礎建設的完成。

❽　以本期發行的兩本書爲例，收錄法師 1976 年至 1990 年間的著述的《佛教入門》，或彙整法師 1986 年至 1990 年著作的《禪與悟》，由書的內容看來，有些是彙整前一期的講稿或文稿而成的，其思想內容都是跨越這兩個時段的，所以較難於此做絕對的分隔，因此本文須於法師自判的學思歷程，將第四期再分爲前後兩個時段，以方便討論。

段時間相關思想的承續與重疊。

### 1.1998 年「明心見性」與「開悟成佛」

從第三期中,可以了解《六祖壇經》用般若智慧以達見性成佛的禪法,得以清楚「明心見性」與如來藏的清淨心與見到佛性的關係。在後期對於「明心見性」也有更進一步的闡明,例如在《禪鑰》之〈開悟成佛〉一文中即明白表示「明心見性」與「開悟成佛」是相同的:

由《六祖壇經》所見的資料,「見性成佛」和「開悟成佛」是相同的意思。見性即是親見佛性,佛性是眾生本具的自性,……若以智慧的自心,親見真空的自性,便是「見性成佛」,便是「明心見

---

❺ 1995 年書寫的《禪鑰》與《禪門》序,《法鼓全集網路版》,第 4 輯第 10、11 冊,頁 3。以及「二十多年以來,我寫禪、講禪、教禪,主要是為了修學禪法、實用禪法,……年屆古稀,依舊樂此不倦。」參見 1998 年書寫的《動靜皆自在》,頁 4。可知,從 1976 年以來,法師這二十多年指導禪修的連續性,是不可分割的。從法師豐富的著作中,將此期法師有關如來藏思想的資料做一整理,今依發行時間簡列如下:1991 年《禪與悟》、1992 年《漢藏佛學同異答問》、1995 年《禪鑰》、《禪門》、《聖嚴法師教禪坐》、《維摩經六講》、《信心銘講錄》、1996 年《聖嚴說禪》、1998 年《動靜皆自在》、《神會禪師的悟境》、《兩千年行腳》、1999 年《絕妙說法——法華經講要》等。

性」。⑯

　至於「明心見性」的方法，則在煩惱頓除、心清淨時，才能見到不動、不變的佛性，即是佛性頓現，智慧的功能也自然產生。

　　明心見性，明的是清淨的心，見的是不動的性。心有煩惱時，是見不到佛性的，只有在心清淨時，才能見到不動、不變的佛性。煩惱心重，即是無明。只有破除無明的煩惱心，般若的智慧性才能顯現出來。智慧，……與煩惱同在，……一旦煩惱頓除，佛性頓現，智慧的功能也自然產生。⑰

　此清淨心、佛性雖是佛的境界，但在「聖不增，在凡不減。」因為「眾生和佛完全平等，即為般若所證的

⑯ 參見釋聖嚴，《禪鑰》，《法鼓全集網路版》，第 4 輯第 10 冊，頁 130。法師在 1998 年出版的《動靜皆自在》亦有言：「所謂『明心見性』，就是以智慧的心，來明白煩惱的心。煩惱和智慧是相對的，智慧即菩提，有了智慧，煩惱自然消失，便能見到空性；也就是除去眾生之無明習性，便見清淨的佛性。」（參見釋聖嚴，《動靜皆自在》，《法鼓全集網路版》，第 4 輯第 15 冊，頁 106）
⑰ 《禪鑰》，頁 103。

空性,也是一切諸法的空性」,因此說「一切現象不離開空,所以一切眾生都有佛性」。❽

2.1998 年「佛性是不動的空性」

進而於 1998 年《神會禪師的悟境》一書中,法師提到:

　　凡是有禪悟經驗的人所講的就是「心」,就是「佛性」,心是指智慧心、清淨心,佛性是不動的空性。只有以清淨的、無煩惱的、無分別的慧心,才能夠見到不動的、不變的而實際上是沒有一點痕跡可見的佛性,那便是「宗」,就是明心見性的「性」。❾

由此可知,法師提出了「佛性是不動的空性」的看法,而這也是法師獨特的「明心見性」的教法。

關於禪宗的「宗」,聖嚴法師指明不是學派、宗派的宗,是特指「所有一切眾生本具的清淨的佛心」,也即是「無礙智慧心和不動的空性」,並引《楞伽經》所

---

❽ 同上註,頁 104。
❾ 參見釋聖嚴,《神會禪師的悟境》,《法鼓全集網路版》,第 4 輯第 16 冊,頁 17。

說的「佛語心爲宗」爲其經證。**⑩**這點或許也是聖嚴法師未來立「法鼓宗」時，其「宗」的主要精神內涵。

同時，於 1998 年的《兩千年行腳》中，法師明確地說到：

> 臨濟宗教人看話頭、參公案，並非讓你入定，而是要你發慧；從疑情到疑團，當疑團粉碎時，就會親見空性，也就是無我的佛性。**⑨**

以此可以做爲法師這時期對空性與無我的佛性總結性的說明，也開啓了其後期的無我如來藏教法。

## 3. 小結：回歸到緣起性空的原點

參照上述著作，可稍了解法師這段時間的如來藏思想發展，他一方面承續上一期的教學與指導禪修，因此也繼續其如來藏有與中觀空的理論建構，內容如上文，不再複述。於 1992 年在《聖嚴法師學思歷程》中法師清楚地提到，他是以《阿含經》「此生故彼生，此滅故彼滅」的緣起緣滅爲立足點。譬如說，禪學是屬於如來

---

**⑩**　同上註，頁 18。
**⑨**　參見釋聖嚴，《兩千年行腳》，《法鼓全集網路版》，第 6 輯第 11 冊，頁 91。

藏系統的思想，可是他不論在修行方法的指導和修行理念的疏通上，他都把佛法回歸到緣起性空的原點。❷這一時期，法師更清楚地表明他教導禪學，在解釋或說明佛法根本義理的時候，都是回歸到「緣起性空的原點」，這是不同於中國禪宗祖師的單純僅屬於如來藏系統的思想，於此法師確立了他對如來藏與空性思想獨特的詮釋。此階段可稱為法師如來藏教法的成熟期。

另一方面，因為開創法鼓山的關係，法師於 1999年為實踐四種環保而推出「著眼在實踐方面的心五四運動」的觀念與方法，❸開展出其如來藏的實踐大業。是以，下文繼續討論法師於法鼓山上的實踐。

---

❷ 「我在慧學方面，是從印度佛教的原始聖典《阿含經》入手，對於《阿含經》中所說『此生故彼生，此滅故彼滅』的緣起緣滅的道理，印象非常深刻，故當我解釋或說明佛法根本義理的時候，一定會從這個立足點上出發又回到這個立足點來。就是我現在所弘傳的禪學，若以中國禪宗祖師們留下的文獻來看，是屬於如來藏系統的思想，可是我把佛法回歸到緣起性空的原點，不論在修行方法的指導和修行理念的疏通，我都會指出最基本的立場，那便是所謂三法印：『無常、無我、寂靜。』如果偏離三法印的原則，那就很容易跟外道的常見和斷見混淆不清了。」（《聖嚴法師學思歷程》，頁 170-171）

❸ 1999 年提出的「心五四運動」，整合了歷年來提出的重要觀念與方法，做為二十一世紀人類的生活標竿。心五四運動是一項心靈建設工程，是法鼓山為實踐四種環保而推出的觀念與方法，它將佛法中深奧的名相與學理轉化為一般人都能的觀念與方法。（參考：http://zh.wikipedia.org/wiki/ 法鼓山）

## （二）2001 至 2009 年的如來藏著作與思想

　　第四期後半部分，為 2001 年法鼓山教學大樓等第
一期工程完成，中華佛學研究所及圖書館搬遷上山、僧
伽大學佛學院創校等。**❹**完成法鼓山世界佛教教育園區
的基礎建設後，法師雖然仍忙於教學與禪法指導，但教
育體制已大部分搬遷到法鼓山上，因此在教學與指導禪
修外，法師亦開始思考與面對法鼓山的禪教傳承等問
題。不同於前期禪與如來藏的問題，法師這一期前後階
段的思考重點，或稍有不同，故詳述如下。

　　法師學成後於臺、美兩地，雖然對如來藏系的《圓
覺經》、《楞嚴經》、《大乘起信論》，講過多次，**❺**
但並未有完整的記錄發行，直到 2001 年才出版對《如
來藏經》做語體譯釋的《自家寶藏》。且由前述分類可
知，法師這時期的思想，如參照 2001 年以後發行的著
作，**❻**或可知其大要，因此就此期法師的著述中，與如

---

**❹**「自 1989 年法鼓山覓得建地以來，經過十二年的建設與耕耘，第一期建
設、大學院首先完工，除了原有的中華佛學研究所，培育漢傳佛教宗教
師的僧伽大學也開始招生了，而聖嚴法師蘊釀多年的僧伽教育理念也終
於有了整體化的實踐。2001 年 9 月 30 日，在法鼓山新校舍舉行了『法
鼓山啟用 —— 僧伽大學佛學院創校暨開學』典禮，由聖嚴法師親自主
持。」（參考聖嚴教育基金會網頁：http://old.shengyen.org/content/photo/
PhotoDisplay.aspx?sid=163&MType=4&SType=41，2017.09.15）

**❺**《自家寶藏 —— 如來藏經語體譯釋》，頁 7。

來藏思想相關的資料整理如下。

## 1. 佛性如來藏是推動人間淨土的重要信仰

2001 年發行的《自家寶藏》中〈自序〉與〈緒論〉，應爲法師首次對個人的如來藏教法做一較完整的說明。他認爲雖近代善知識中，對如來藏信仰有所批評，但今天這個世界大多數人對於佛教的如來藏思想還是比較容易接受的。因此於《自家寶藏》法師明確地表明：「因此我敢相信，適應未來的世界佛教，仍將以如來藏思想爲其主軸。」[97]此時法師提出以如來藏思想，做爲適應未來的世界佛教主軸的方向，爲法鼓山的未來建設規畫出一個藍圖。因此，他說：「我們要推動人間淨土的建設工程，佛性如來藏的信仰就太重要了。」[98]

---

[96] 與如來藏有關的書籍，計有 2001 出版的《自家寶藏 —— 如來藏經語體譯釋》（2000 年完稿），2001, *Hoofprint of the ox: principles of the Chan Buddhist path as taught by a modern Chinese Master*（by Master Sheng-yen with Dan Stevenson）, Oxford ; New York : Oxford University Press。 2002 年中譯本《牛的印跡：禪修與開悟見性的道路》，2002 年《聖嚴法師教默照禪》，2003 年《法鼓家風》，2006 年《華嚴心詮 —— 原人論考釋》，以及 2006 年《承先啓後的中華禪法鼓宗》等資料。其中 *Hoofprint of the ox* 歷時十七年，將法師教禪以來的資料作編輯，爲跨期之作：「我也覺得這本書是我的英文著作中最好的一本，這是由美國堪薩斯大學（University of Kansas）Dan Stevenson 教授，歷時十七年編輯而成的一本書。」

[97] 《自家寶藏 —— 如來藏經語體譯釋》，頁 5。

[98] 同上註，頁 6。

## 2.佛性即是空性即是中觀的空

2003 年，法師更進一步於《法鼓家風》表明：「我講的禪不是如來藏，我是把佛性講成空性，就是中觀的空。」❾可知，法師於這段時間，已針對法鼓山的需求，提出他個人的如來藏教法及說明，明確表達如來藏思想的重要性，且也確證他講的禪不是如來藏，不是一般所謂體驗如來藏「大我」的統一心，而是把佛性講成空性，就是中觀的空，由是貫通了法師於前期指導禪修時所面對的「如來藏有與中觀空」兩個系統的關節。法師再詳細說明如下：

> 我指導禪修時，也是根據這一點。所以要證明人家見性很不容易，因為實證空性才叫見性。一般人所謂如來藏的體驗，譬如所謂的「打成一片」，或者前念與後念的統一，環境與自我的內外統一，那是統一心，是大我，並非真的空性。❿

---

❾ 2003 年 1 月 10 日「僧伽大學創辦人時間」，《法鼓家風》，頁 182。本書的內容，為九○至九三學年度，聖嚴法師為僧伽大學及出家體驗暨僧才養成班學員所做的歷次開示集結。

❿ 2003 年 1 月 10 日「僧伽大學創辦人時間」，《法鼓家風》，頁 182。

於此法師已經明確表達他所教的禪，並不是一般人所謂如來藏體驗的「大我」的「統一心」。

### 3. 開展「無我如來藏」爲目標的獨特禪風

法師 2006 年 2 月 21 日講於法鼓山園區「僧活營」〈承先啓後〉一文中，提出了法鼓山所傳的「中華禪法鼓宗」。同時，也明白地表示法鼓山禪法與如來藏的關係，他提出頓中開出次第化的漸修法門，而在這修證過程中，法師也標明了「從淺至深的四個階次，那便是散亂心、集中心、統一心、無心，每一階次各有修行及進階修行的方法」。⑩進一步，從禪修開始的散亂心、集中心，到一般所謂體驗如來藏「大我」的統一心後，需再向上翻轉爲實證「空性」的無心，才是空義的佛性或無我的如來藏。

### 4. 佛性如來藏是空性的異名

上述「有我與無我」兩大禪修問題的立論根據與

---

⑩ 「……法鼓山所傳的中華禪法。同時我在閉關修行的時候，即是用的類似於默照禪。因此我把話頭及默照禪整理之後，便在頓中開出次第化的漸修法門，是任何根器的人都適合用來起信實修的好方法。在修證過程中，我也標明了有從淺至深的四個階次，那便是散亂心、集中心、統一心、無心，每一階次各有修行及進階修行的方法。這是經過我幾十年的練習整理以後，把漢傳佛教的禪法重新發揚光大的。」(《承先啓後的中華禪法鼓宗》，頁 12-13 )

分判方法，於 2006 年以前，法師的資料並不多，直至 2006 年發行的《華嚴心詮》中，法師才更進一步說明他的理論依據，並深入解說其個人對如來藏的理解，補充說明「大我」與「無我」等問題的釐定方法。是以，在《華嚴心詮》中，法師提出要「解決如來藏是有我或是無我的問題，不妨採用層次化的教判方式」：[102]

　　首先，是基礎佛法《阿含經》所主張無常、苦、無我、空的，並以常、樂、我、淨四法為四顛倒。其次，初期大乘佛教主張無自性、自性空、三性三無性，乃是由基礎佛法的緣起無常觀的積極開展而來。再者，後期大乘佛教以無我的空性為基調，也是以空義的佛性及無我的如來藏為出發，為了「開引」諸派執我的外道，令使認同佛法、歸向佛法的無我，故說有真常的真我、不真空的佛性如來藏。[103]

　　因此，法師繼續就個人對如來藏的理解，做更詳細地說明：

　　　其實，唯有空性，才是真常不變易的，佛性如來

---

❿　《華嚴心詮──原人論考釋》，頁 271-272。
❿　同上註，頁 272。詳細論述已於本書第一部第二章第三節之「解決方案」內文中，故於此不贅述。

藏，只是空性的異名、假名，乃是為了適應、順
應、投合執我外道之所好而設立的。所以《楞伽
經》已說，如來藏不即是印度神學的梵我、神我。
但它的確是一切法的根本，的確是一切眾生生死及
涅槃的主體。[104]


如上可知，法師的佛性如來藏，只是空性的異名。
確立如來藏是一切法的根本，是一切眾生生死及涅槃的
主體後，即可體會何以法師會以此做為重新發揚光大漢
傳佛教而提出「禪佛教」教法，獨特的與空性思想整合
的如來藏教法。


## （三）本期的立論根據及特色

從上述的資料分析可知，此一時期聖嚴法師透過一
系列禪修的著述，以及幾本晚期的代表作如：《神會禪
師的悟境》、《自家寶藏》、《華嚴心詮》、《承先啓
後的中華禪法鼓宗》等，開始具體建構法鼓山的精神內
涵、宗風與道風。這其中，非常明顯地指出他在禪法指
導上所講的「明心見性」即是「開悟成佛」，也即是

---

[104] 同上註。

「佛性如來藏」的展現。更一再強調這絕對不是一般人
所體驗的「大我」統一心的如來藏，而是在這基礎上，
要再向上轉化為「空義或無我的如來藏」，這才是一切
眾生生死及涅槃的主體、修行的最終目標，是完全不離
「緣起性空」的佛法核心思想的。

　　有關此獨特的如來藏教法所參照的經論，主要是依
《中論》的「以有空義故，一切法得成；若無空義者，
一切則不成」，以及「眾因緣生法，我說即是空」，明
確地表示，唯有空是能夠促成一切法的。再藉青目論師
的解釋，說明為何空性是眾生的主體，也是成佛的正
因，這是因為空義的原故，一切世間與出世間法皆悉得
以成就，若不依空義，則皆不得成就。是以，法師以此
推論，若將佛性如來藏視作即是空性，持中觀之見的學
者，也是認同此看法的。也提出與唯識相關的《佛性
論》，說明「空是佛性」以確認如來藏空性在大乘佛法
中的一致性，確立法師如來藏教法的空性思想。❿

　　可見，依法師的著作發行年份分類，確實可以看出
法師於本階段的前後期思想內容與著重點是有不同，也

---

❿　同上註，頁 273-274。此部分的細部論述，請參見本書第三部第一章第
　　三節之相關內文。

確認了本階段再分爲前後期的可行性，以及其在晚年開始以他成熟的如來藏教法，落實於法鼓山的實踐工作。

## 第三節　結語

## 一、分期目的與方向

　　本書第二部對聖嚴法師佛法學習歷程及其如來藏教法的建構過程，依時間脈絡分作四期，除了可以藉由分期了解在不同的時空因緣中，法師如來藏教法形成、轉變與成熟的歷程，筆者亦希望讀者能因此更深入地了解與學習法師一生，是如何隨順因緣與現代環境的需要，擷取與建構具適應性、包容性、普及性的佛法內涵與實踐方法，從而體認到法師的教理教法及禪法實證是有其深度與廣度的。

　　此四期的分判方式除了是依據法師對蕅益大師一生的分判方式外，另外，亦可從各期內容發展中，發現到每一期皆因不同的時代背景、因緣，法師於其中的學習、成長及提出解決方案的過程等，都有不同程度的改變與調整。因此，四期的發展就顯得各有其不同的特色與偏重，以下做一概要的整體回顧。

## 二、分期特色與偏重

　　綜觀聖嚴法師如來藏學思歷程，其第一及第二期所含括的時間看似不長，但是，筆者認為這是非常重要的過程。因為在法師閉關與留日時期，是其整體地學習佛法義理的重要時期，並在這基礎下開始接觸如來藏思想，所以是法師學習與形成其如來藏思想的重要基礎與過程。第三期與第四期的時間較長，在這過程中漸漸形成其獨特的教法與禪法，同時也不斷去實踐與落實在現代生活日用中。

　　關於第一期的特色與偏重上，因時處民初以來，中國佛教界對三系判攝的思想論諍，亦是聖嚴法師再度出家後對佛法、佛教界初步接觸與整體了解的時期。因此，這個階段的特色，是重在探討那個時代的教界大德們的三系判攝，以及他們在面對佛教衰微的困境時，所提出來的對漢傳佛教教義的看法與解決方案。聖嚴法師在此時期雖藉由《比較宗教學》一書提出了個人對三系的看法，但僅止於是青年僧浮光掠影的想法。

　　在面對與回應漢傳佛教界的困境後，正在閉關的聖嚴法師深深覺得應該到佛學研究環境已經非常成熟的日本進一步地學習，因此開啓了法師另一段專精研究如來

藏思想的時期。第二時期雖然只有留日時期短短的六年時光，卻是奠定法師研究如來藏思想良好基礎的重要學習階段。另一方面，因為參與各種國際學術研討會，法師也開展了其國際佛學研究視野。由於接觸了幾位深入研究如來藏思想的日本學者，讓法師開始跳脫臺灣佛教界對大乘三系傳統的詮釋，對於三系之標名與如來藏思想等，也轉而走向國際學術界的定義與立論。因此，此一時期重在呈現其廣泛學習與開拓國際視野的面向。

學有所成的聖嚴法師回到臺灣、來到美國，所面臨的卻是實際教學與帶領禪修的時空因緣。因此，在第三時期，筆者重在呈現「過程」──法師教理上「空」與「有」融通、獨特禪修教法開創的過程。即是如何將日本的學術研究成果，因應時空環境的需求、教學的機緣，漸漸將教理知識轉換成教法，讓更多人可以學習、應用在禪法修行與日常生活中。如前所陳，這時期的教法雖尚未成熟，卻是其將思想理論轉為教法實踐的重要分界點。

若將第一、二時期視為是「學習」，第三時期為「教學相長」，則第四期就是進入「學以致用」的現代實踐階段。第四期不僅在三系標名上更為簡潔清楚，具有一致性，而且在「如來藏」的定義與教法上，相較於

第三期的「形成」過程，此時即是其教法的「確立」與
「成熟」階段，並以此成熟而獨特的教法內涵，做爲法
鼓山建設圓滿後，未來努力方向的精神核心指南。

第四章

# 結論：教理基礎與分期驗證

## 第一節　聖嚴法師如來藏教理基礎

完成法師如來藏思想之四大分期，即可依此思想發展，簡要說明法師於各期如來藏學思歷程中，所掌握到的從古至今於印度及中國發展的如來藏思想。故依時空架構，將法師的如來藏教理分類排序如下，以茲做為探索法師如何開展出個人獨特的如來藏思想，以及如何建立其如來藏教法與實踐的基礎。❶

## 一、印度如來藏思想探源──心性染淨說

法師早期探究如來藏之教義，推定係基於印度傳統《胎藏奧義書》（*Garbha-upaniṣad*）的「胎藏說」，

---

❶ 因篇幅關係，本章內文僅依法師相關著述先列出大要，以建立法師如來藏思想架構為主。

將之與佛教的「心性本淨說」結合組織之後完成的。❷
然而心性的問題於佛教思想史中，有其發展過程，從心
性清淨到心性是淨是染或染淨具足等論題，有不同的發
展，因此擬藉此簡要說明法師對如來藏思想的理解與發
展過程。

## （一）原始聖典──心性本淨說

　　法師對於如來藏清淨心做了下列詳細的探源，值得
參考。他於原始聖典的資料中，找到若干的論究：

　　1.《南傳三藏增支部經典》：「心是明淨而被染於
客塵煩惱。」

　　2.《增一阿含經》：「心性極清淨。」

　　3.《南傳三藏相應部經典》：「心垢故眾生垢，心
淨故眾生淨。」

　　4.《雜阿含經》：「心惱故眾生惱，心淨故眾生
淨。」❸從法師所整理的資料看來，在南傳三藏及阿含

---

❷ 「探究如來藏之教義，乃係基於 Garbha-upaniṣad 的胎藏說，將之與《舍
　利弗阿毘曇論》卷二七〈緒分假心品〉等所說的心性本淨說，組織之後
　完成的。」（《大乘止觀法門之研究》，頁 133）
❸ 「原始佛教的《南傳三藏增支部經典》（AN 1-5.6）中說：『心是明淨而
　被染於客塵煩惱。』此在漢譯的《增一阿含經》卷二二則謂：『心性極
　清淨。』又在《南傳三藏相應部經典》（S.N.XX II）中說：『心垢故眾生

藏中，是「心性清淨，客塵煩惱」的主張。

## （二）部派佛教——心性染淨說

雖然法師於原始聖典中一致的以「心性清淨」為主，進而他考察發現到了部派佛教的時代，則上述「心性清淨，客塵煩惱」主張，卻成為產生異說的論端。譬如於大眾部及分別論者等的主張，都是「心性本淨」說的，❹如《異部宗輪論》、《隨相論》、《舍利弗阿毘曇論》❺、《大毘婆沙論》、《成實論》、《順正理論》。但在《大毘婆沙論》、《成實論》、《順正理論》的立場，則否定心性本淨說，主張心性具有「染淨」之二面說。

進而，發展到大乘佛教後，則有更豐富的詮釋，❻

---

垢，心淨故眾生淨。』此在漢譯的《雜阿含經》卷一○則謂：『心惱故眾生惱，心淨故眾生淨。』」（同上註，頁 189）
❹ 「因為大眾部主張心性本淨，本淨的心性即是無為法，由於客觀的煩惱雜染，才使本淨的心性變為不淨。」（《比較宗教學》，頁 395）
❺ 《大乘止觀法門之研究》，頁 133。
❻ 「基於心性本來清淨之說，而著重於本體的發揮。深入地考察本體，現象乃是本體所流出。由此演繹，後來即成為真如緣起、如來藏緣起及法界緣起的大乘教義。所謂一切眾生皆有佛性，所謂如來藏中藏如來，所謂心、佛、眾生三無差別等的思想，均由心性本淨的觀念而來。」（《比較宗教學》，頁 396）

譬如《瑜伽師地論》以「諸識自性非染」對「心性本淨」做解釋。而《成唯識論》則言，「染淨法，以心為本」之為雜染和清淨。❼但如以大乘初期的《般若經》、《華嚴經》，以及發展到後期密教的諸經論看來，乃以「心性本淨」之說，做為貫串大乘佛教的基本思想了。❽以心性本淨說為型範，並且依以做為基礎，發展出了如來藏、佛性、本覺等許多思想。❾因此，以下分別就法師所了解的如來藏各階段的發展，配合經論說明此思想的演化。首先，以《般若經》、《華嚴經》及《如來藏經》等經證為例說明如下。

---

❼ 「大乘佛教的《瑜伽師地論》卷五四說：『諸識自性非染』，這無疑是對經典中『心性本淨』說所作的解釋。至於《成唯識論》卷二，以為心性本淨者，即是識的實性清淨之意；在該論卷四則謂：『謂染淨法，以心為本』，可知此處的『心』者，即是指的阿賴耶識，阿賴耶識是染淨的種子，具有有漏種子及無漏種子，故成為雜染和清淨了。」（《大乘止觀法門之研究》，頁 190）

❽ 「以《般若經》及《華嚴經》為首，發展至後來成為如來藏思想及密教思想的許多經論之中，乃以心性本淨之說，作為貫串大乘佛教的基本思想了。因此，便可常常發現，以心性本淨說為型範，並且依以作為基礎，發展出了如來藏、佛性、菩提心、法身、空性、法性、心真如、阿摩羅識、本覺等的許 多思想。例如八千頌《般若經》、《大智度論》、《如來藏經》、《不增不減經》、《勝鬘經》、《大乘莊嚴經論》、《中邊分別論》、《中邊分別論釋》、《究竟一乘寶性論》、《大乘法界無差別論》、《楞伽經》、《大乘密嚴經》，以及《起信論》等，都是根據於心性本淨之說而來強調見性或悟之可能性的。」（同上註，頁 190）

❾ 同上註。

## 二、印度如來藏思想

### （一）第一階段：《華嚴經》的清淨心

　　雖然 1968 年法師於美濃閉關後，提到「淨心緣起系」在佛陀時代的原始聖典中，已有線索可尋，但於此時期的作品中，並未見法師對此有詳加說明。❿於後，法師以許多篇幅就《華嚴經》的淨心緣起觀說明，不同於般若的妄心緣起的華嚴清淨心緣起立場。但此時他尚未開始探討此妄心與淨心的關係。若以法師晚期對《如來藏經》萎花有佛喻的解說：「如來觀察一切眾生，佛藏在身，眾相具足。」與《華嚴經》所說的「佛觀大地一切眾生皆具如來智慧」相比對來看，可看出是一致的。⓫藉此探索，或可了解早期法師所處理的如來藏思想尚是以清淨心為主。

---

❿　法師於《比較宗教學》曾提到《阿含經》說：「此有故彼有，此無故彼無。」「此生故彼生，此滅故彼滅。」雖然說明緣起緣滅的道理，卻沒有更進一步解說此文與如來藏的關係。（《比較宗教學》，頁 396）

⓫　「在此九喻中的第一萎花有佛喻，是說釋迦世尊以神力變現的無量數千葉蓮花，花葉萎謝了，蓮胎藏內的無量數如來，便顯現出來，這是如來藏的根本譬喻。因為『如來觀察一切眾生，佛藏在身，眾相具足。』此與《華嚴經》所說，佛觀大地一切眾生皆具如來智慧，是一致的；《大般涅槃經》所說的眾生皆有佛性，也是相同的。」（《自家寶藏——如來藏經語體譯釋》，頁 18）

## （二）第二階段：《勝鬘經》的空及不空的如來藏思想

　　但在日本留學初期，法師則根據《勝鬘經》的空如來藏與不空如來藏「二種如來藏空智」，分別爲「空一切煩惱藏」與「不空的不思議佛法」，❶並以隋吉藏《勝鬘寶窟》中配合如來藏三義中之「能藏爲虛妄煩惱」，而「所藏是眞實的佛」，分判「空如來藏爲含有煩惱之空無」的意思，「不空如來藏則係對於佛性而言，具有一切功德的意味」。❸法師藉此解釋空如來藏的「空無」義與不空如來藏的「功德」義。是以，可從「煩惱」和「佛性」的關係中，探得法師後期發展出的「如來藏空性」的教法與「如來藏信仰」的實踐，其思想之端倪。

　　這一脈絡的發展，法師是扣緊著印度如來藏思想第二階段《勝鬘經》、《究竟一乘寶性論》和《大乘法界

---

❶ 「世尊，有二種如來藏空智。世尊，空如來藏，若離、若脫、若異，一切煩惱藏。世尊，不空如來藏，過於恆沙，不離、不脫、不異，不思議佛法。」（《大正藏》第 12 冊，頁 221c）

❸ 「我們又在吉藏的《勝鬘寶窟》中見到，如來藏有能藏與所藏的二面，能藏者是虛妄煩惱，所藏者是眞實的佛。因此，空如來藏含有煩惱之空無的意味，不空如來藏則係對於佛性而言，具有一切功德的意味。此外，尚有其他的各種的解釋法，這些也是從佛性和煩惱的關係上，來對如來藏思想所作的一種考察。」（《大乘止觀法門之研究》，頁 141-142）

無差別論》的「空及不空兩種如來藏」思想的開展，⓮
平均地說明兩種如來藏。

## （三）第三階段：《起信論》的如實空及如實不空

　　同時，法師進一步探討《起信論》的如實空及如實
不空的觀念於中國的發展與影響。法師認為《大乘止觀
法門》雖也受了《勝鬘經》的二種如來藏思想影響，卻
與《究竟一乘寶性論》及《大乘法界無差別論》不同，
乃在接受《勝鬘經》的思想之外，又採用《起信論》
所持如實空與如實不空的理論，來說明如來藏之空與
不空。

　　法師進而用《起信論》中，以四大鏡喻辨明體相
之：「一者，如實空鏡，遠離一切心境界相，無法可
現，非覺照義故。」「遠離一切心境界相」說明：「這
僅是敘述了如來藏的空義之一面，至於如來藏的重點，
實在是以不空之義為其中心的；因為，闡述空義即無言
可說，為達空義，必須要從不空義下手。」⓯此階段，

---

⓮ 「至於繼承《勝鬘經》所提出的空及不空兩種如來藏思想的，則尚有
　《究竟一乘寶性論》和《大乘法界無差別論》，此二論書乃是照著《勝鬘
　經》所說的原樣接受下來的。」（《大乘止觀法門之研究》，頁 142）
⓯ 《大乘止觀法門之研究》，頁 142-143。

法師則了解從不空義下手的重要性。

# 三、中國佛性思想

## （一）隋代慧思：不空之時，具染淨二法獨特見地

　　因此，法師進一步說明，《大乘止觀法門》在談到不空之時，是具染淨二法，而在淨法方面，便是無漏性功德、出障淨德。並解釋：「如其不具此種出障淨德或解性功能，便不可能有成佛的希望。」❶總之，法師認為《大乘止觀法門》在不空的內容之中，將染法分攝染性及染事，又是《大乘止觀法門》的獨到見地。因為《起信論》雖是《大乘止觀法門》的根據，但《起信論》卻未述及染性，而僅及於染事的「一切世間境界」❶，而《大乘止觀法門》則有「不空是具染淨二法」的創見。

　　在此同時，法師於撰寫碩士論文《大乘止觀法門之研究》時已說到：「大體上說，智旭的見解，……將本書（《大乘止觀法門》）的一心，視為真如心，即是現前一念的妄心。」❶繼而，法師於其博士論文中討論此

---

❶　同上註，頁143。
❶　同上註，頁144。
❶　「大體上說，智旭的見解，乃以本書和天臺止觀，是站在『名異義同』的

現前一念的「妄心」。

## （二）南宋慧能：以般若為方法，以如來藏為目標

　　聖嚴法師曾於《禪與悟》提到：「其實《六祖壇
經》是以般若爲方法，以如來藏爲目標，用般若的空觀
來破除煩惱的執著，以期達到『明心見性』的目的。」
「從中觀的立場看般若，若得般若即見諸法自性是空，
那就是目的，不再另有如來藏、佛性、法性等目的可
求。可是從如來藏系統來看，般若只是功能，不是其本
體；功能必定有其所屬，所以產生了如來藏和佛性等思
想。」⑲是以，法師認爲《六祖壇經》雖讓人見到般若
的思想，實際上是以如來藏爲根本。

　　法師以《六祖壇經》說明自性就是佛性，佛性就是
空性，空性就是如來性，並就禪宗歷代祖師教導禪修的
態度和方法，進一步說明如能去掉自我中心的分別執
著，當下就和無我的空性相應。⑳

---

　　立場，故將本書的一心，視爲眞如心，即是現前一念的妄心。」（同上
　　註，頁 101）
⑲　《禪與悟》，頁 298。
⑳　同上註，頁 261-262。

## （三）明末蕅益：創立現前一念心

最後，法師於日本留學後期撰寫博士論文時，他進而探究蕅益智旭現前一念心，並解釋其主要任務，是在說明《大乘起信論》的「一心眞如」和《楞嚴經》的「如來藏妙眞如性」。因爲《大乘起信論》的「眞如」有受熏之說，《楞嚴經》的「如來藏妙眞如性」有隨緣之義，熏於清淨則爲解脫的聖者，熏於染汙則爲在纏的凡夫；不論隨淨緣或隨染緣，爲聖者或爲凡夫，眞如的體性是不變的。凡夫無從親見眞如的體性，日常感覺到的第六意識的心理活動，對任何人均不陌生，它雖不即是清淨的眞如，也未離開清淨的眞如，所以蕅益智旭創立了現前一念心的哲學觀念，做爲解釋各種經論中所持不同的論說，以期達成將各宗所持的異見異說，統一起來的目的。❹因此，可了解法師在碩博士的研究中，已清楚中國佛教的特色爲承繼心性本淨的如來藏緣起思想，卻又發展出性染的思想，這在中國佛教的思想史上，固然屬於首創，即在包括印度在內的整個佛教史上，也是空前的發明。❷同時，法師也清楚了解從隋到

---

❹ 《評介・勵行》，頁 11。
❷ 「但是，《大乘止觀》既然承繼心性本淨的如來藏緣起思想，卻又發展出了他的性染思想，這在中國佛教的思想史上，固然屬於首創，即在包

明末，甚至開展到民國以來的如來藏的思想發展過程，
是有其時序性發展，此段時間法師的如來藏思想已確立
印度與漢傳如來藏思想的整個發展體系。

## 四、民國兩大師的如來藏之商榷

　　法師於 1991 年 4 月 7 日「印順導師思想研討會」
宣讀的文章中提到，根據印順長老〈大乘三大系的商
榷〉看法，可了解民國以來兩位大師思想的不同：「太
虛大師對印度大乘，立三系名稱：法界圓覺宗、法性
空慧宗、法相唯識宗。印順長老則指出：太虛大師著
重中國宗派而用印度三系來含攝。印順長老著重印度
經論，並認為從全體佛教去看，有的從法相而歸宗唯
識，也有不歸宗唯識的。」❷法師體認到太虛大師的如
來藏思想：「是站在佛法原本一味的立場而開出『法
界圓覺宗』以圓融一切佛法的。實際上，原始的根本
佛教固屬一味，但發展後的枝末佛教，能否仍是一味而

---

括印度在內的整個佛教史上，也是空前的發明。由於本書的性染說，而
有天臺智顗的性具與性惡，再有華嚴宗的性起思想出現，而更顯出天臺
性具的獨特之處。因此，尤其是華嚴宗，對於天臺的性惡之說，論難不
已，此亦正是本書為其肇始，為中國佛教的思想界，帶來了新的啟發作
用。」(《大乘止觀法門之研究》，頁 191)

❷　〈印順長老的護教思想與現代社會〉，《學術論考》，頁 355。

圓融得來，似有很大的疑問。雖然太虛大師是受了天臺及賢首『所判圓教，亦皆依佛智境界而闡說』的影響，才設立了法界圓覺宗以取代圓教的地位。可是，天臺及賢首的判教法仍有待商榷。」❷法師晚年根據印順長老《如來藏之研究》的資料，引出印順長老的考察研究，長老認為：「印度神學中的我，與梵同體，而成為生死中的主體。在如來藏法門中，我與如來不二，依我而可以成佛，也就是眾生的主體。」又說：「印度自有佛教以來，一貫的宣說『無我』，而現在卻說非有我不可。『我』是印度神教固有的，現在佛法也說有我，與印度的神學有什麼差別？」法師指出這都是針針見血的評論。❷雖然法師自承他受到這兩位大師的影響，但在如來藏思想方面，根據上述所鋪陳的如來藏思想發展，法師已有自己的判別，茲繼續討論如下。

## 五、聖嚴法師的如來藏教法與實踐之形成

　　法師如來藏思想的開展，應可說是立基於上述基礎。於 1975 年以後，他以《阿含經》與《中觀》的緣

---

❷ 《印度佛教史》，頁 209。
❷ 《華嚴心詮──原人論考釋》，頁 267-268。

起性空爲基準，並搭配《金剛經》的般若觀，《楞伽經》的如來藏識，及《六祖壇經》的融合觀等爲基礎，開展出其「如來藏的有與中觀的空」的觀念，做爲法師指導中國禪法的獨特方法。進而，於開創法鼓山後，法師更靈活運用經文，將佛法中深奧的名相與學理轉化爲一般人都能理解的觀念與方法，提出建設人間淨土的簡易辦法。此即是以〈四眾佛子共勉語〉做爲三大教育的基礎，以「法鼓山的共識」做爲三大教育的目標，以「心五四」的啓蒙運動、「心六倫」的倫理運動，實踐四種環保。㉖這就如同他在《自家寶藏──如來藏經語體譯釋》中所強調「著眼在實踐方面的時代適應」之如來藏實踐的概念與方法。

## 第二節　驗證分期的可行性與可信度

### 一、以三系標名發展歷程，驗證分期可行性

除了根據法師的學思歷程，分成四個階段來勘查法

---

㉖ 參見聖嚴基金會網頁：〈認識聖嚴法師．思想理念〉，http://www.shengyen.org/content/about/about_02_1.aspx。

師的如來藏思想演化外，現在用另一個方法檢驗，將其如來藏思想分成此四期的正確性如何。本文探討法師如來藏思想的形成時，一開始以法師早期大乘佛法三大系與如來藏思想做探討，今於結語，再以法師歷年來對大乘佛法三大系與如來藏標名作結。故以下，不做分期，先以整體發展來看，將法師《法鼓全集》著作中有提到三系的名稱列出，再依序排列比較其中如來藏一詞的標名，是否相同，藉此了解法師的如來藏思想演化。

## （一）資料

### 1. 1968 年《比較宗教學》 —— 淨心緣起系

「大乘佛教……可以分為三大主流：1. 般若中觀系：…… 2. 瑜伽唯識系：……3. 淨心緣起系：……，以上三大主流的分劃，……我是根據大乘思想的源流，參考太虛及印順二師的見解，做了如上的分類介紹。」[27]

### 2. 1979 年《佛教入門》 —— 真常系

「印度的大乘佛法分為三大系：一個是真常系，是指真如、如來藏、佛性等的常住真心的系統；一個是性

---

[27] 《比較宗教學》頁 396-399。

空系，又叫中觀般若系；一個是唯識系。」❷

　　3. 1981 年〈序劉國香居士《語體文譯大方廣圓
覺經》〉──如來藏實有

　　「印度大乘佛教共有三系，那是般若性空、唯識虛
妄、如來藏實有。」❷

　　4. 1987 年《明末佛教研究》──真常與如來藏
兩種標名

　　（1）「印度的大乘佛教思想，在『空、有、真
常』的三大系統，傳到中國的，也有三大系統。……明
末的佛教界，不論僧俗，是以念佛法門為修行的主流，
禪的修行乃居於次要的位置，禪的精神卻是明末佛教支
柱。不論淨土與禪，均屬於『真常』的系統。」❸

　　（2）「印度的大乘佛教，共有三大流，即是中觀

---

❷　本文為 1978 年 11 月 29 日法師講於慧炬粥會，由劉國香、杜正民整理：
　　「印度的大乘佛法分為三大系：一個是真常系，是指真如、如來藏、佛
　　性等的常住真心的系統；一個是性空系，又叫中觀般若系；一個是唯識
　　系。」（《佛教入門》，頁 143）

❷　「作為中國大乘佛教的特色而言，擁有三部特殊而偉大的聖典，那便是
　　《圓覺經》、《楞嚴經》、《大乘起信論》。印度大乘佛教共有三系，那是般
　　若性空、唯識虛妄、如來藏實有，此三大系雖都傳譯到了中國，能夠生
　　根立足，與中國文化相互滋長而融為一體的，則以如來藏系的佛法，最
　　為茂盛。」（〈序劉國香居士《語體文譯大方廣圓覺經》〉，《書序》，頁
　　28）

❸　《明末佛教研究》，頁 265-266。

（空）、如來藏、唯識的三系。」❸

5. 1993 年《聖嚴法師學思歷程》—— 如來藏

「在印度的大乘佛教，有中觀、唯識、如來藏等三大系統，《八識規矩頌》的唯識思想，和《大乘起信論》的如來藏思想……。」❸

6. 2002 年《天台心鑰——教觀綱宗貫註》——如來藏

「如來藏是印度大乘佛教思想的三大系之一，與中觀、唯識，同為近代佛教學者之間所重視和探討的大主題。」❸

7. 2006 年《華嚴心詮——原人論考釋》—— 如來藏

「由此可以明白，印度大乘佛教的三大派系，中觀、瑜伽、如來藏，各各皆判自宗為了義教，他宗為不了義教；不過尚未有聲聞乘的學者出來爭論了義不了義。」❸綜合上述資料，茲依照年代，建立法師的三系標名表如下：

---

❸ 同上註，頁 201。

❸ 《聖嚴法師學思歷程》，頁 22。

❸ 《天台心鑰——教觀綱宗貫註》，頁 302。

❸ 《華嚴心詮——原人論考釋》，頁 247。

## 表五：聖嚴法師一生與如來藏教法

| 期間 | 活動 | 年份 | 著作 | 三系標名 | | |
|---|---|---|---|---|---|---|
| 「綜合性研究」期 | 「浮光掠影」期 | 美濃閉關 | 1960至1969年 | 1968年《比較宗教學》 | 般若中觀系 | 瑜伽唯識系 | 淨心緣起系 |
| 「專題性研究」期 | 「摸到門徑」期 | 留學日本 | 1969至1975年 | | | | |
| 「開展性研究」期 | 「教學相長」期 | 國內外辦學、教禪 | 1975至1989年 | 1979年《佛教入門》<br>1983年〈序劉國香居士《語體文譯大方廣圓覺經》〉 | 性空系（中觀般若系） | 唯識系 | 眞常系 |
| | | | | | 般若性空 | 唯識虛妄 | 如來藏實有 |
| 「實踐與應用」期 | 「學以致用」期 | 建設法鼓山 | 1989至2000年 | 1987年《明末佛教研究》<br>1993年《聖嚴法師學思歷程》<br>2002年《天台心鑰——教觀綱宗貫註》<br>2006年《華嚴心詮——原人論考釋》 | 中觀（空） | 唯識（有） | 如來藏（眞常） |
| | | 圓滿 | 2000至2009年 | | | | |

## 二、結成法師如來藏標名演化,確認分期可信度

由上表可知,法師對如來藏的標名並非前後一致的,因此可由其不同的名稱,或可看出法師如來藏思想的演化。❸雖然法師早於 1968 年於《比較宗教學》即提出有第三系的「淨心緣起系」的名稱,但於隔年發行的《印度佛教史》中討論「淨心緣起」的經文及意義之後,就不再採用此稱名,此兩本著作時間與上述分類的第一期的時間點相同。而第二期(1969 — 1975年),法師在日本留學期間,並無任何資料顯示他的三系標名。

緊接著,從 1979 年到 1987 年間,法師以「實有」、「眞常」、「眞常系」之名稱此第三系,這幾本著作的時間與上述第三期的時間點(1975 — 1989 年)相接近,由此可看出法師於這段時間尚未很確定其第三系的名稱。從 1987 年之後,是個轉捩點,法師開始使用「如來藏」的名稱,在 1991 年法師解釋確定使用「如來藏」標名的原因,他於 1991 年〈印順長老的護

---

❸ 對於三系前後標名不同,需經過多期的改進,才有後來的定型,法師曾舉例說明:「我國的太虛大師,經過三期的改進而分大乘爲三系……。」(《印度佛教史》,頁 209)

教思想與現代社會〉一文中說，是因爲「在現代國際
佛教學術界，則將三系名爲中觀學、唯識學、如來藏
學」，從此法師採用「如來藏」名稱，不再用眞常系
等名稱，或也可藉此區隔他與印順長老如來藏思想的不
同。㊱同樣地，如參照上表，亦可發現法師對於中觀標
名的判別，也是在此時期確定。㊲而 1991 這一年也剛好
是法師於第三期末及第四期初撰述《禪與悟》的時間，
如前述於此書法師已在此期間提出他個人的如來藏與空
性的教法。

　　2006 年發行的《華嚴心詮》中法師進一步說明，
他的三系與如來藏看法是與印順長老不同的，法師在撰
著《華嚴心詮》的考釋中，每每會提出自己對論主的
親切感受，並與今日的佛教所需而做詮釋。所以，他
說：「例如我對印順長老（西元一九〇六—二〇〇五

---

㊱　法師雖然說現代國際佛教學術界三系的標名，不若印順長老標示的三系
　　名稱來得深廣，但法師仍以如來藏做爲第三系的標名：「印順長老著重
　　印度經論，並認爲從全體佛教去看，有的從法相而歸宗唯識，也有不歸
　　宗唯識的。故於民國三十年（西元一九四一年），創說新三系：性空唯
　　名論、虛妄唯識論、眞常唯心論。此對現代中國佛教思想有極大的啓示
　　作用，在現代國際佛教學術界，則將三系名爲中觀學、唯識學、如來藏
　　學，其涵蓋面則不若印順長老標示的三系名稱來得深廣。」（〈印順長老
　　的護教思想與現代社會〉，《學術論考》，頁 355）
㊲　有關法師對於中觀思想的判別，此一論題可再另文討論。故不於本文
　　詳述。

年）所判的印度大乘三系之說，在服膺感戴之餘，也
有自己的看法……。」進而，他也說明雖然兩人的判
法不同，但都是為了佛教普及人間而擔負了共同的任
務。❸那麼，法師為佛教普及人間而擔負的任務為何？
他說：「我的任務，是將內外大小的各家觀點，中觀、
瑜伽、如來藏三系的思想脈絡，一一查出原委，一一予
以貫通，一一釐清其思想史的軌跡，一一還歸其功能作
用，一一導歸於佛陀的本懷。」❸因此，筆者撰寫本文
也是承續法師的「一一查出原委、予以貫通、釐清其思
想史軌跡、還歸其功能作用、導歸於佛陀的本懷」的精
神，將法師如來藏有關的資料一一查核、貫通、釐清、
了解其功能，將之分期，並盡量回歸其原意。最後，再
以法師的三系標名的演化，進行查核、貫通，以釐清及
了解所建構的資料，是否有違法師的原意，以之驗證與
確認此四分期內容的信度。深信也唯有如此的細密分
期與重重的釐清，建立可靠的資料分類，始有基本的基
礎，可繼續深入探討法師「承先啓後」的如來藏教法及
當代實踐。

---

❸ 「在不同的時代，有不同的視角，古人與今人，大家都是為了佛教普及人
　間而擔負了共同的任務。」（《華嚴心詮──原人論考釋》，頁6）
❸ 同上註。

第三部

———

聖嚴法師如來藏
教法與實踐

# 第一章
# 聖嚴法師的如來藏教法

## 第一節　前言

　　聖嚴法師的如來藏學思歷程，在經過不同時期的演變，至晚年時即已形成其成熟而獨特的教法，並以之做為其創建法鼓山與因應現代社會需要的實踐準則。這些教法內涵與實踐方針，筆者認為對法鼓山教團，乃至當代與未來的社會、世界佛教，在理論與實證上確實有諸多貢獻。是以，筆者擬於本書第三部，期能進一步梳理法師晚年如來藏教法之內涵與特色，以及其現代社會的實踐。這些內容實則亦是其對印順長老的如來藏評議，所做的具體回應與賦予新的詮釋，並提出解決方案。

　　筆者之所以將聖嚴法師的如來藏觀點稱之為「教法」，茲因從建構其學思歷程中，發現法師是將如來藏視作一種教法，認為它是一個實用的、可行的方法，不僅僅只是一個思想論辯而已。雖然在鋪陳此四期的學思

歷程時，其中第一、二期的確是其如來藏思想的建構階段，但是，筆者發現在進入第三期之後，既已轉變爲一種教法，並漸次地將此教法，在法師開創的法鼓山、個人的禪法教學與世界弘化中，一一轉化爲現代社會可以運用與實踐的理念方針。

　　選擇以「晚年」做爲第三部內容的主要陳述範圍，原因即是在 2000 年以後，聖嚴法師的身體狀況日漸走下坡，❶筆者認爲此一色身老病的現象，讓法師產生急迫感，意識到需要盡快將其法鼓山的各種建設完成，尤其是爲未來的法鼓山的精神核心方向，做一明確的指示。這段期間，法師不僅傳法、新立方丈，更特別召集教團，在「僧活營」中爲常住法師們講說及宣立「中華禪法鼓宗」，以做爲未來教團運作的精神核心。其中，更在病中勉力完成《自家寶藏》與《華嚴心詮》，此二部著作皆是法師在沒有開辦任何正式公開的演講、課程下，主動撰寫完成的學術性、思想性著作，堪稱爲代表

---

❶ 在 2001 年《抱疾遊高峰》之〈四一、我的健康‧團體‧傳譜〉，以及 2009 年《美好的晚年》收錄於 2005 年撰述的〈我的病〉二篇文章中，可以了解此一時期法師的身體出狀況，以及面臨死亡的事實。(《抱疾遊高峰》，頁 248；《美好的晚年》，《法鼓全集網路版》，第 10 輯第 15 冊，頁 16-30)

其晚年成熟思想、標示立場的力作。因此，本書的第三部，即以這些內容為主軸，期能對法師如來藏的教法與實踐做一完整的結論與研究成果報告，以呈現在大時代因緣下，大師們的悲心願行。

## 第二節　融合：經論系統與禪修層次

### 一、建立理論與實證的基礎

　　經過多年來對聖嚴法師如來藏教法的研究與理解，對於印順長老所提的如來藏為佛教帶來的困境，筆者的研究發現，法師對此所提出的回應，對後世帶來了非常重要的貢獻。這貢獻是在於法師一方面根據經論與禪法，提出了方案以回應及解決近代漢傳佛教的困境。「經論」即是指其在《華嚴心詮》所提出的，將佛教發展史的四個層次為其理論基礎；「禪法」方面則是法師指導禪修所提出的四個層次，以之做為實證的基礎。此理論與實證，正是可以做為我們每一個人對於教判、對佛法正確認知的參考法則，尤其是對佛教的如來藏思想（非外道）最好的判準原則。

　　關於法師「層次化的教判方式」，已於本書第二部

的如來藏學思歷程之第四期中鋪陳其內容，筆者研究發現，法師於晚年即將此教判方式，與其歷年指導禪法時所重視的禪修四層次的歷程相結合，進而完成其獨特的教法。下文即以文字及圖表來呈現法師晚年，具含理論與實證、成熟而圓融的無我如來藏教法。

## 二、融合經論系統與禪修層次

### （一）經論與禪修層次

　　筆者所言之「經論系統」，即是聖嚴法師在回應印順長老以溯源的方式判攝印度佛教的發展歷程時，提出除了逆向推展之外，應該也可以用順向的方式來理解此一發展脈絡。因此，他提出首先是基礎緣起佛法的阿含時代，接著是初期大乘空觀、中觀思想，第三是後期大乘如來藏思想的時期。筆者認為，還可以將第三時期的內容再細分成二段，亦即除了為開引計我之外道而有大我如來藏思想外，法師提出還要進一步強調後期大乘的如來藏思想仍是以無我的空性為基調，也即是以空義的佛性，或無我的如來藏為出發的，這也是順著緣起性空的佛法開衍而成。依上所梳理出的法師「四層次」的經論系統，即是法師所言的「層次化的教判方式」，亦即是其經典文獻的基礎。

　　然而這一經典文獻發展脈絡與基礎，自古以來就一直被討論與諍論，問題還是存在。因此法師再從禪修實踐上來融合「大我如來藏」與「無我如來藏」。在《承先啓後的中華禪法鼓宗》一書中，法師表明其禪法除了保留「默照」與「話頭」頓悟法門的特色之外，也在「頓中開出次第化的漸修法門」，並將禪修過程中，由淺入深分成四個階次：散亂心、集中心、統一心、無心，各階次有其修行與進階修行的方法。❷此即是法師長期指導禪修時，爲了適應現代社會大眾的身心狀況所安立的「禪修層次」。

　　如上所提之禪修階次又是如何與「無我如來藏」相結合，進而成爲其獨特的如來藏教法？經過筆者多年對聖嚴法師文獻資料的整理與理解後，將以上二者彙整成圖表（參見表六），並說明如下。

---

❷　〈中華禪法鼓宗〉，《承先啓後的中華禪法鼓宗》，頁54。

表六：聖嚴法師的禪法與如來藏的關係

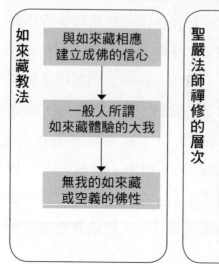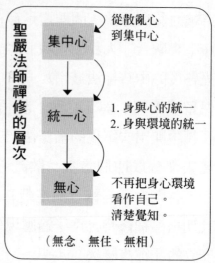

## （二）二者相融合的方式與關鍵

　　凡夫還沒開始修行時，是處在散亂心的階段，修行後要進入集中心並不太容易。但若修行者能與如來藏佛性的思想相應，具有必定成佛的信心之時，心中即無任何懷疑、斟酌等念頭的干擾之下，就能比較快地進入集中心。而一般的修行者在禪修後，對身心開始有深淺不一的體驗，此時如果有正確的佛法知見，就不會對是否體證如來藏佛性有所誤解或誤執；反之，如果不清楚，則易出現如法師所說的狀況：

　　很容易出岔子，自己有一點小小的身心反應，就
以為自己已經見到佛性了，其實可能只是光影門頭
中的幻影、幻覺；最多是有統一心的經驗，便以為
是與三世諸佛把臂同行了。❸

　　因此，法師提醒：若無法掌握「佛性無相，自性是
空」的原則，還是會有所執著、執著自己的經驗，進而
容易產生「未證謂證」的現象，這些狀況即是執著如來
藏或佛性可能產生的流弊。其實，這一切只是因知見的
不正確而造成神我不分的混淆罷了，所以聖嚴法師認為
「如來藏本身並沒問題」。❹

　　由上可知，二者相結合的關鍵，在於「大我如來
藏」與「統一心」、「無我如來藏」與「無心」這二個
階段的正確認識與轉化。亦即從禪修開始的散亂心、集
中心，到一般所謂體驗大我如來藏的統一心後，法師強
調最終的階段是到達「無心」。此是為了有別於「統一
心」還是有念、有住、有相的「有」的階段，需要再向
上進一步超越、打破「有」，實證「空性」的「無心」

❸　同上註，頁 56。
❹　同上註。

階次——筆者稱之為「向上翻轉」，才是真正見到法師
教法的核心：空義的佛性或無我的如來藏，才是真正
的「明心見性」，才能與法師獨特教法所宗的《六祖壇
經》：「無念、無住、無相」的中心思想相應。如此，
即是法師晚年成熟獨特的如來藏教法。

　　前所言及的「佛法的正確認知」、「佛性無相，自
性是空」的原則等，是法師如來藏教法的核心，因此需
要進一步推演、深入這原則的教理脈絡，方能真正的避
免教界長期以來對如來藏造成的流弊的批判，也讓後來
者能如實掌握如來藏思想的深徹內涵。

## 第三節　立宗：中華禪法鼓宗❺

## 一、標示：法鼓山存在的意義與使命

　　2004 年聖嚴法師於僧團的「僧活營」中，特別為

---

❺ 聖嚴法師於 2004 年 9 月 23 日：「即日起，分別在農禪寺法堂及法鼓山上
階梯教室，並同步在農禪寺法堂透過視訊，以『佛教——漢傳佛教——
禪佛教』為題，於九月二十三日、二十四日、十月七日、二十一日分四
次對法鼓山僧團大眾闡明法鼓山所弘傳漢傳佛教禪法內涵、確認法鼓山
定位，並建立僧團中心思想。法師首次提出建立『中華禪法鼓宗』，並
說明立宗緣由與目的。法師先敘述總體宗教現象，而後從佛教、漢傳佛

全體僧團大眾說明法鼓山存在的意義與使命是「承先啟後」，並將法鼓山的禪法定位為「中華禪法鼓宗」。法師於《承先啟後的中華禪法鼓宗》，說明為何要於晚年為大眾宣說這些內容：

> 晚近因為有人指評漢傳佛教的缺失，是在於沒有修證次第與教學次第，甚至也不合印度阿含、中觀等之法義，於是便有人對於漢傳佛教失去研修的信心。❻

因此，法師表明這些講說都是闡述其個人對漢傳佛教的使命感與責任心，並說明中華禪法鼓宗的淵源、因緣和目的。其希望將此使命和責任，「寄望於法鼓山的僧俗四眾，來持續地推動，以利益普世的人間大眾」。足見此小書對於法鼓山教團，乃至整體的漢傳佛教，是非常具有指標性的重要著述。

---

教、漢傳佛教中的禪佛教、禪佛教中法鼓山的佛教、法鼓山如何成為與世界接軌的現代佛教等五節，逐層闡明法鼓山所傳禪法精神與內涵。」這幾天的開示，收入《承先啟後的中華禪法鼓宗》。（參見林其賢，《聖嚴法師年譜（第三冊）》，頁 1870）

❻〈我的使命與責任〉，《承先啟後的中華禪法鼓宗》，頁 5。

　　筆者於數十年來整理法師的如來藏資料，以及在法鼓山僧伽大學教授「如來藏」思想的相關課程，故知道法師非常重視《承先啓後的中華禪法鼓宗》，特將此書中與如來藏教法相關的教理內涵與脈絡做一梳理，以呈顯法師所弘揚的禪法並非是與（大我）如來藏結合，最後能驗證其禪法「是與空性結合的『無我如來藏』」。

　　是以，下文即依法師所引經教內容脈絡，一一梳理出其如何從不離佛陀所闡明的「緣起」深義，進而演繹出與「佛性」、「空性」不相違背的「無我如來藏」之教法與禪法內涵。

## 二、闡明：法鼓山禪法的精神與內涵

### （一）見緣起即見佛性

　　法師於〈承先啓後〉中論及：當佛教從釋迦牟尼佛時代敷演成日後「發展的佛教」，不論是南傳佛教、漢傳佛教、藏傳佛教，都是在這不斷發展的變化過程。漢傳佛教的禪宗在發展變化中，不會放棄釋迦牟尼佛的根本原則，是什麼原則呢？法師表明：

　　　那便是《緣起經》以及《稻稈經》等所講的：「見緣起即見法，見法即見佛。」也就是說，發展

佛教的各系各宗，都是從緣起思想開展出來的，見
緣起法即是悟道，悟道即等於見到了佛。❼

因此，當外界質疑漢傳佛教是不是脫離了印度佛教
時？法師斬釘截鐵地說：「不是！漢傳佛教是依據印度
的大小乘佛教發展出來的。」❽法師強調緣起法是佛教
的各系各宗的發軔，若能悟得緣起法的真髓，即見佛。
另外，他在《自家寶藏》也有相同的論點：

　　根本的佛法，特別重視法的受持，那是指的緣起
　　法。佛有明示：「見緣起即見法，見法即見佛」。
　　此處是將緣起法，換上了《如來藏經》所說的一切
　　眾生皆有如來寶藏，見如來藏即見法，見法即見
　　佛，便是見性成佛。❾

法師直接將「見緣起即見法，見法即見佛」與《如
來藏經》所主張的「眾生皆有如來寶藏，見如來藏即見
法，見法即見佛」、「見性成佛」相結合了。筆者據此

---

❼　同上註，〈承先啓後〉，頁 9。
❽　同上註，頁 10。
❾　《自家寶藏──如來藏經語體譯釋》，頁 140。

以同理類推，得其教法的核心脈絡：「見緣起即見佛性」，且可由之理解禪宗所講的「明心見性」，即是在「見佛性」時，必同時具含對「緣起法」的體證。

## （二）空性即是佛性

從佛教發展過程來看，各宗各系皆從原始佛法的緣起義所流出，而屬於後期大乘佛法的如來藏思想，與其他大乘佛法的中觀、唯識思想又有何不共、特殊之處？聖嚴法師於〈中華禪法鼓宗〉一文中分析如下：

> 至於大乘的「如來藏」思想是從哪裡來的？這似乎是在「空」、「有」兩種思想之間的調和。中觀思想偏重於「空」，唯識思想偏重於「有」，如來藏思想則是兩邊都講，所以有「空如來藏」和「不空如來藏」。以上三大思想體系，實際上都是從十二因緣發展出來的，緣起論可以說是大、小乘佛教的核心。❿

由上可知，如來藏思想的特勝處在於可分為「空如

---

❿〈中華禪法鼓宗〉，《承先啟後的中華禪法鼓宗》，頁 32-33。

來藏」和「不空如來藏」二個面向，既不落於「空」亦不偏重於「有」，而是調和了「空」與「有」。法師首先標示出如來藏思想的融合性，以區別傳統上不是重「空」，就是談「有」的現象。於後更指出《阿含經》只講緣起法，未言及空性，空性是般若、中觀系依緣起思想而發展出來的。所以，不論是如來藏思想或空性思想之核心皆不離緣起法。

　　一般談到「緣起」必定內含「性空」的本質，但，前所言的「見緣起即見佛性」，法師又是如何將緣起、性空、佛性此三者串連起來呢？

　　是以，其文後即引用禪宗的經論為據，提及佛性與空性的關連性：

　　　達摩禪法是從如來藏系統的《楞伽經》出發，五
　　　祖、六祖都講《金剛經》，由於如來藏的佛性，即
　　　是《般若經》的空性。❶

　　前二部經都是禪宗所依的主要思想來源，是否還可以更往前溯源，以論證空性與佛性是不二的呢？這要從

---

❶　同上註，頁 59。

法師晚年的力作《華嚴心詮》來看，其中引出《中論》
的一段話：

> 《中論》卷四〈四諦品〉，先說：「以有空義
> 故，一切法得成；若無空義者，一切則不成。」又
> 說：「眾因緣生法，我說即是無（空）。」此無與
> 空，是同一個梵文字 śūnyatā 的異譯。⓬

由上述引言可明確得知，唯有空義才能夠促成一切
法的，並且說明無與空，是同一個梵文字。除此之外，
法師進一步引用青目論師對此所做的詮釋：

> 青目論師對此的解釋是：「以有空義故，一切
> 世間出世間法，皆悉成就，若無空義，則皆不成
> 就。」可知空性是眾生的主體，也是成佛的正因。
> 〈四諦品〉又說：「若先非佛性，不應得成佛。」⓭

青目論師強調空性是眾生的主體，也是成佛的正

---

因。因此，續而引用〈四諦品〉之言：若沒有佛性則無
法成佛。因此，可得知空性與佛性皆是成佛的正因。那
青目認為空性與佛性是一還是二呢？

　　空性即是佛性，若無佛性，豈能成佛？青目的解
　釋是：「以先無性故，如鐵無金性，雖復種種鍛
　煉，終不成金。」以此可知，若將佛性如來藏視作
　即是空性，雖在中觀見，也是認同的。❹

　　聖嚴法師引這段文，乃藉青目論師之言，明確地指
出「空性即是佛性，兩者皆是成佛的正因」，進而成為
其「佛性如來藏」必具含「空性」之理據，揭示其如來
藏教法雖不偏中、不偏有，但亦不離《中論》之「空
性」見地。由是可見，亦非法師憑空創造出來的。

## （三）佛性如來藏與漢傳禪佛教

　　聖嚴法師如來藏教法的核心是在見到「空義的佛
性」或「無我如來藏」，此一體證即是其所標宗的「中
華禪法鼓宗」核心內涵，亦即是漢傳禪宗所指出的「從

---

❹　同上註，頁 273。

禪出教，藉教悟宗」：

> 「從禪（心）出教，藉教悟宗（心）」，是產生
> 全體大小乘佛法的共通因果。例如釋迦牟尼佛在菩
> 提樹下思惟的最後，即明心見性，明的是無我心，
> 實際上無我心就是禪心、禪的宗旨。因為佛悟到無
> 心之後，說出四諦、十二因緣、五蘊、十八界、六
> 度、四攝、三法印、二諦、一乘等佛法，名之為
> 「從禪出教」。「教」就是佛陀的言教、佛說的
> 法，那是從禪修悟出來的。❶

綜論之，佛性即是無我的空性，即是無心，即是禪
心，這正是藉教法以體證空性之「藉教悟宗」。

由前文得知法師為何特重漢傳佛教的禪佛教，第
一，因為禪佛教是體證佛性如來藏的重要修學進路之
一。再者，「《釋禪波羅蜜》說，禪波羅蜜總攝一切波
羅蜜，禪既是大小三乘的共軌，漢傳的禪佛教便是含攝
了整體的佛法」。❶其三，佛教後來產生了以如來藏思

---

❶ 〈中華禪法鼓宗〉，《承先啓後的中華禪法鼓宗》，頁 48。
❶ 同上註，頁 47。

想爲主流的各大宗派，其中禪佛教可謂是帶有漢傳諸宗之長，並且是將之素樸化及生活化的集大成者。最重要的是，「漢傳禪佛教的特色，就是釋迦牟尼佛化世的本懷」。❼

因此，法師於〈中華禪法鼓宗〉一文，明確地表示提出「法鼓宗」的目的，不僅是將禪佛教與義理之學做一互通，更是希望讓禪佛教能與世界佛教會通，並接納發揮世界各系佛教之所長。❽進而期許法鼓山的宗教師能實踐與傳揚漢傳的禪佛教，與現在及未來的世界佛教接軌，讓全球人類「都願意接受此非常實用、活用的生活智慧」。❾

---

❼　同上註，頁 46。
❽　同上註，頁 54。
❾　同上註，〈中華禪法鼓宗〉，頁 20。

# 第二章
# 聖嚴法師如來藏教法的實踐

## 第一節　前言

　　筆者將聖嚴法師在 1975 年到 1989 年這段歷程稱為「如來藏獨特教法的開創期」，是因為這段時間他試圖解決長期以來，如來藏「有」與中觀「空」是否相衝突的問題。法師從藏經中各種經典找尋答案、依據，同時再配合實際的禪修做為解決的路徑，並試著將教理內容轉化成可以實踐與操作的面向。直至 2006 年，聖嚴法師在《華嚴心詮》中方進一步說明其如來藏思想的理論依據、引用的經典資料，並且深入解說個人對如來藏的理解，同時補充說明如來藏「大我」與「無我」等問題。

　　事實上，筆者認為法師所做這一切，除了為解答一般人對於如來藏的批判與質疑之外，同時提醒活在這個時代裡的人們需要進一步思考：佛教在此一不斷發展之

流中，我們不能只滿足於現在，而是需要思考到未來的世界佛教應是何樣態？應該要依什麼來探討未來佛教發展的核心？再者，對於已經成立的法鼓山，未來的路應該要依什麼樣的主軸來建設與發展並與世界接軌？所以，筆者認為聖嚴法師即是希望以他所開展出來的獨特教法，做為適應未來世界佛教的主軸及為法鼓山未來的建設所依據的藍圖，並能真正實踐在人們的生活日用中。

## 第二節　如來藏信仰及其德用

不論他人對如來藏如何批判，聖嚴法師提出從佛教歷史發展的事實來看，千百年來漢傳佛教的主流，皆是持續依靠著「佛性如來藏」的「思想信仰」而生存發展下來的。法師在《華嚴心詮》中更列舉鳩摩羅什譯出了如來藏系的經典，其弟子僧肇的《不真空論》所講的「真心」、「真際」、「真空」等皆有佛性如來藏思想的傾向，即是「為了使得佛法能夠適應中國漢文化圈的氣候及土壤，不得不作如此的詮釋」。❶

---

❶ 「千百年來的漢傳佛教主流諸宗，也就是持續依靠著佛性如來藏的思想

# 一、如來藏信仰必依「如來藏法門」

　　聖嚴法師在他的著作裡多次提到「如來藏信仰」，
到底如來藏信仰是什麼？筆者認為在談如來藏信仰之
前，必需先了解：信仰的前提是需要有信仰的對象，亦
即佛教所講的「法門」，才能構成信仰的行為。「如來
藏」是有它的法門，故稱為「如來藏法門」，因此「如
來藏」方是一個可以被信仰、可以被實踐的目的。

　　「如來藏法門」一詞的依據於何？在《華嚴心詮》
中，聖嚴法師引用了印順長老在《如來藏之研究》一書

---

信仰而生存發展下來的。其主要原因是如來藏我的思想，富有極廣大的
適應性和消融性，譬如說，鳩摩羅什是《小品般若波羅蜜經》、《金剛般
若波羅蜜經》、《大智度論》及《中觀論》的譯者，應該是屬於中觀系的
大師，但他也譯了如來藏系的《十住經》、《佛說阿彌陀經》等許多經。
他的弟子僧肇，則撰有一篇《不真空論》，雖多引《般若經》及《中觀
論》，卻明言『聖人乘真心而理順』，又說：『不動真際，為諸法立處，非
離真而立處，立處即真也。』僧肇另有一卷《寶藏論》，開頭便採用《老
子》的句型而言：『空可空非真空，色可色非真色，真色無形，真空無
名，無名名之父，無色色之母。』又云：『夫本際者，即一切眾生無礙涅
槃之性也。』僧肇所講的『真心』、『真際』、『真空』、『真色』、『本際』、
『無礙涅槃之性』，無一不是指的佛性如來藏，他又何嘗不知道印度中
觀派所說的『空義』是什麼，卻為了使得佛法能夠適應中國漢文化圈的
氣候及土壤，不得不作如此的詮釋。因此，三論宗的吉藏、唯識系的圓
測，都有如來藏思想的傾向。」（《華嚴心詮——原人論考釋》，頁 269-
270）

之用詞：「『……在如來藏法門中，我與如來不二，依我而可以成佛，也就是眾生的主體。』」❷

另外，在聖嚴法師《自家寶藏》一書中，亦有引用自唐代不空三藏所譯的《大方廣如來藏經》內文的名詞：「……有一菩薩名無量光，與二十俱胝菩薩以為眷屬。是時無量光菩薩，於彼常放光明如來、應、等正覺，已曾問此如來藏法門。」❸

在此，筆者要先釐清的是：聖嚴法師的如來藏信仰，是不同於一般宗教之神佛不分、有實體崇拜對象的宗教信仰，其如來藏信仰所信仰的，是「如來藏」這個精神理念的層面。即是：眾生與佛有一樣的性質，稱之為佛性。這佛性是含藏在眾生心中，因此說有「如來之性」、「如來之藏」，因為此一與佛不異的清淨心，眾生才有可能成佛，所以佛與眾生是平等的，此「平等不二」的觀念，就是「如來藏信仰」的核心理念。

---

❷ 「依據印順長老的考察研究，認為『印度神學中的我，與梵同體，而成為生死中的主體。在如來藏法門中，我與如來不二，依我而可以成佛，也就是眾生的主體。』（《如來藏之研究》頁一三四）」（同上註，頁 267）
❸ 參見 CBETA, T16, no. 667, p. 465, b4-8。

## 二、如來藏信仰的流傳

「如來藏信仰」到底是怎麼出現與流傳的呢？聖嚴法師是依據《楞伽經》這段經文而來：

> 大慧菩薩問：「云何世尊，同外道説，我（佛）言有如來藏耶？」……「大慧！未來現在，菩薩摩訶薩，不應作我見計者，……開引計我諸外道故，説如來藏，令離不實我見妄想，入三解脱門境界。」❹

上述引文在於佛陀是爲了計著有實「我」的非佛教徒而說如來藏，而最後的目標是令其離開我見，而後帶入解脫門，這是如來藏信仰所依據的起源。

### 1.爲漢藏兩系大乘佛教所信受

聖嚴法師提出受到漢地影響的日本佛教，都與如來藏信仰有關係：

> 日本的佛教，早期自朝鮮半島輸入，後來直接由

---

❹《華嚴心詮——原人論考釋》，頁 268-269。

漢地輸入，原則上就是中國佛教的延伸。日本沒有接受中觀的佛教，雖然在奈良時代由中國輸入了瑜伽的法相宗，卻始終只有法隆寺維繫著法脈；至於其他日本諸宗各派的佛教，不論是傳統的或者是新興的，都跟如來藏的信仰相關。❺

不但日本的禪是談如來藏，西藏的密也與如來藏的信仰有關。法師提出這是因為如來藏具有適應不同文化環境的彈性，比較容易被各種民族所接受。❻

## 2. 中國各宗特色皆與如來藏信仰有關

在中國，天台、賢首、淨土、禪宗，甚至印度傳來的唯識學派，其特色都是與如來藏的信仰有關。

如來藏系列經典，雖被目為後期的大乘佛法，對於發展中的佛教來說，影響極為深遠，不論是西藏的瑜伽行中觀派，中國的天台、賢首、淨土、禪宗等，都富有濃厚的如來藏思想，甚至印度的唯識學派，也受有如來藏的影響。❼

---

❺ 《自家寶藏——如來藏經語體譯釋》，頁 4-5。
❻ 同上註，頁 4。
❼ 同上註，頁 15。

　　諸宗受到如來藏信仰的影響是什麼呢？即是信仰「相信一切眾生皆有本來清淨的如來智慧功德法身」。

## 三、如來藏信仰的德用

　　聖嚴法師雖然表明其基礎佛學來自阿含藏與律藏，對諸宗也有涉獵，但他也表明其一生受用最多的、弘化最好用的，也覺得是最能被大眾所接受的，還是如來藏的信仰。

　　　　我的基礎佛學是《阿含藏》與《律藏》。可以說印度的大乘三系、中國的大乘諸宗，我都有涉略，雖不能算是專家，亦不算是太外行了。其中我自己受用最多的、弘化最好用的、也最能被大眾接受的，還是如來藏的信仰。❽

　　到底信仰如來藏有什麼作用、功用呢？
　　1. 德用一：起信──深信自性本具清淨的佛性
　　如來藏信仰的德用、發揮的功能，首先就是讓信仰者「深信自己的本性與諸佛的佛性是一樣的」。對修行

---

❽　同上註，頁 7。

者而言，這是非常重要的初心，即一開始就要能生起信
心。如果修行者在禪坐時，認為自己不可能成佛、沒有
如佛一樣的清淨本性，就會缺乏修行的動力。因此，聖
嚴法師提到：相信每一個眾生與佛陀一樣，都有清淨
心、都有成佛的可能性，就會產生很大的推動力，覺得
自己只要努力修行、精進不懈，一定能夠明心見性。❾

這樣的信心會讓修行者永遠懷有一個希望、自認終
有成佛的一天。同時，還回每一個人的本來面目，教人
各自以其獨立的精神，建立起必可成佛的信心，有了起
修的用心處與精進用功的著力點，至少累劫修行下來，
總是會有成佛一天。❿這是一位修行者很基本的、很重
要的修行信念。在禪修的過程中，能依此信心做為不斷
努力用功的方向，較易達到集中心、統一心的狀態，進
而再轉化為無心的體驗。此即是如前所言，法師獨特教
法中與如來藏信仰相結合的修行階次，這是個人依此信

---

❾ 「深信自己的本性與諸佛的佛性，完全一樣，只要努力修行、精進不
懈，一定能夠明心見性，那個便是清淨無染的諸法空性。如果自信不
足，修行仍然有用，增長善根，漸漸地建立起自信心來。」（參見釋聖
嚴，《禪的體驗·禪的開示》，《法鼓全集網路版》，第 4 輯第 3 冊，頁
114）

❿ 「佛教之要倡導一切眾生皆有佛性，就是還給各自的一個本來面目，教
人各自以其獨立的精神，建立起必可成佛的信心，再去向自我的心性之
中，尋求各自的本來面目。」（《評介·勵行》，第 3 輯第 6 冊，頁 264）

心而得修行受用的部分。

## 2. 德用二：平等觀——能接受一切順逆菩薩因緣

另一方面，聖嚴法師認爲如來藏的思想：能夠使發心修行的菩薩願意接受一切眾生都是現前菩薩、未來佛的觀念，就願意尊敬、尊重每一個人，同時接受順、逆二種因緣，若能將周遭的每一個眾生視爲菩薩的話，就會改變人生的態度。每個人能依此信念做爲生活態度，人與人之間的互動就變得清淨，漸漸地就能影響整體生存環境的清淨祥和。

這是個人與他人之間，因爲如來藏信仰而產生社會人心淨化的功能。因此，聖嚴法師認爲對於推動法鼓山的理念：提昇人的品質、建設人間淨土，佛性如來藏的信仰太重要了！❶

# 四、結語

筆者認爲聖嚴法師之所以提倡「如來藏信仰」，是

---

❶ 「如來藏思想能使發心菩薩，願意接受一切眾生都是現前菩薩未來佛的觀念，也能使發心菩薩，願意尊敬、尊重每一個人。若能將順、逆兩種因緣的發動者，都看作是順行菩薩及逆行菩薩，也就能將在苦難中失去的親友，視作菩薩的現身說法，幫助自己改變對於人生的態度。因此，我們要推動人間淨土的建設工程，佛性如來藏的信仰就太重要了。」(《自家寶藏——如來藏經語體譯釋》，頁6)

以「相信一切眾生本來清淨」、「人人平等」的這些觀念，做爲建設法鼓山的核心精神，而且將之落實於僧俗四眾弟子的日常實踐中。總括而言，法師以上所提的如來藏信仰，有以下三個特性。

首先是「平等觀」，人與人之間不分親疏、高低、種族等等主客觀因素，皆視「一切眾生都是現前菩薩未來佛」之特性。其二是「清淨心」的特性，因爲能持有「平等觀」的主要動力來源，即是「相信一切眾生皆有本來清淨的如來智慧功德法身」。其三是「信心」，亦即藉由平等觀與清淨心的涵養，進而讓人人能建立起信心：相信自身本具佛性，依此進而可以發起修行的信心，並願意生生世世努力修行、精進不懈，朝向開啓本來面目、成就佛道之路前進。因此，法師認爲「佛性如來藏信仰」的重要性，即是推動與建設人間淨土的重要基礎與內涵。

## 第三節　如來藏與其他宗教

### 一、現代版的實例

聖嚴法師在《法鼓家風》提到一個現代社會中其他

宗教對話的例子：

　　許多西方神父、猶太教教士來學禪，雖然已得到
日本、韓國禪師所給予的見性證明，但他們依然是
基督教、天主教、猶太教的傳教士。我問他們：
「你們見了性以後，怎麼還是神父呢？」他們回
答：「我們見的上帝跟佛性是一樣的啊！」**⓬**

　　對於見「上帝」等同「見佛性」之誤解，聖嚴法師
因此而釐清：「一般人所謂如來藏的體驗，譬如所謂的
『打成一片』，或者前念與後念的統一，環境與自我的
內外統一，那是統一心，是大我，並非真的空性。」不
過，法師也進一步指出：「只要給他們進一步的指導，
他們就會發現應該還要再深入、再往前，才能真正體驗
『空性』。」
　　筆者認為這是非常現代版的「開引」「計我諸外
道」、「令離不實我見妄想」、「入三解脫門境界」的
具體實例。以經常在國際間弘化的聖嚴法師而言，若要
與其他宗教的修道者，在修行終極目標上溝通時，必須

---

**⓬**《法鼓家風》，頁 183。

能先與其同（即統一心），令彼此有共同的溝通平台與信任基礎後，才能再進一步與他們傳揚佛法中最深徹的、打破「唯一」的「無我」、「空性」之究竟境界。

## 二、傳統經證之現代詮釋

聖嚴法師於《華嚴心詮》中引用《楞伽經》中的一段佛對大慧菩薩的開示：「大慧！未來現在，菩薩摩訶薩，不應作我見計者，……開引計我諸外道故，說如來藏，令離不實我見妄想，入三解脫門境界。」這段經文，法師的詮釋是：

> 佛的意思，如來藏是對計我外道的方便說，使外道們認為如來藏好像跟他們所執的神我一樣，而來接受佛法，然後轉變他們，進入佛門以後，就告訴他這是無我如來藏、是空如來藏。⓭

接著亦提到後期大乘佛教中，更出現了真常、真我等，這些用詞即是佛性如來藏的真如觀及法界觀，皆是以無我的空性為基調，亦是以空義的佛性及無我的如來

---

⓭ 《承先啟後的中華禪法鼓宗》，頁 10。

藏爲出發，目的是爲了「開引」執我的外道，令其認同佛法、歸向佛法的無我，故說「有眞常的眞我、不眞空的佛性如來藏」。❹

　　從以上傳統詮釋與現代版之實例相對照來看聖嚴法師的眞實用意，對現代人而言，就是要能善用如來藏信仰。因爲如來藏信仰是「最能開引計我諸外道的，於是使得佛法能在各種異文化圈的土壤內，播種、萌芽、生根、茁壯，枝繁葉茂、開花結果」。並提出「四攝法」中的「同事攝」觀念做爲接引的方便善巧：

　　　　這也正是大乘佛教提揚的布施、愛語、利行、同
　　　　事四攝法的「同事攝」，先以己來同於彼，然後引
　　　　使彼來接受己。❺

　　這個「先以己來同於彼」的方法，筆者用白話講就是：「好！沒關係！你談的上帝我們也有，但是我們是放在修行的第三階次。」進一步還要告訴他們：我們還有第四階次。接著再「引使彼來接受己」，即再讓他們

---

❹ 《華嚴心詮——原人論考釋》，頁 272。
❺ 同上註，頁 271。

體驗第四階段的無我如來藏是什麼。

## 三、以「無我如來藏」對治「大我如來藏」

從上可知，聖嚴法師除依教理經證論述外，並以他教導禪修的四個步驟，以實修體驗闡明此「大我如來藏」與「無我如來藏」兩者間的不同。因此，法師進一步釐清如來藏思想並沒有流弊，關鍵是在於對佛法的知見是否正確，即前一章提到「未證謂證」的現象。法師進一步釐清他所指導的禪修是不離空性的禪法：

> 過去的人提到禪的時候，都認為是如來藏、真如，那是屬於真常唯心的禪法。我講的禪不是如來藏，我是把佛性講成空性，就是中觀的空。我指導禪修時，也是根據這一點。⓰

因此，多年來法師在禪修過程中，不輕易證明禪者見性的經驗，同時指出許多人認爲「頭腦裡面空空洞洞，一片什麼也沒有，或者清清楚楚、明明朗朗，什麼也沒有，就是空性」，這是錯誤的，更不是見空性，而

---

⓰《法鼓家風》，頁 182。

是空的經驗，空的經驗跟「空性」是不一樣的。因此，一再強調與提醒修行者要能善辨「打成一片」、「內外統一」、「念念統一」都不是真正的實證空性的體驗。若誤解或誤執這些體驗，很容易變成「神我」外道。

　　簡言之，依前一章節所述，法師的如來藏教法是不離佛法核心觀念「緣起性空」的「無我如來藏」，並以之對治一般人易落入「大我如來藏」的困境，最終是要實證「空義的佛性」或「無我的如來藏」、「無心」、「禪心」的階段。更可以之視為法師在國際間宗教對話的最好基礎，在與各宗教人士對談與互動交流、介紹漢傳禪法時，有了非常重要的接引善巧與溝通互動的平台，同時能釐清與辨明彼此之間的相異之處，更藉此引領他們了解甚或進入佛教的究竟之道。

## 第四節　如來藏與心靈環保

### 一、「心靈環保」為法鼓山的核心主軸

　　為何聖嚴法師認為要與現在以及未來的世界佛教接軌，漢傳禪佛教與佛性如來藏扮演著舉足輕重的角色呢？最主要的原因是它們有共同的特質，不僅是適應和

普及於現代世界的多元宗教、多元文化，更將是能與未
來世界佛教接軌的精神主軸，法師認為日後的世界佛教
須具備四種特性：

> 今後的世界佛教，應該是要具整合性、適應性、
> 包容性、消融性的，能夠擔任並扮演好這份使命及
> 角色的，相信還得要靠如來藏思想。❼

漢傳禪佛教與如來藏思想皆具足這四種特性，能在
異質文化生根、萌芽進而開枝散葉，成為人間性的共同
文化。多年以來，法師即以漢傳的禪佛教為背景，將
禪佛教的觀念及方法，轉化成一個新名詞：「心靈環
保」；又以「心靈環保」為主軸，來推動「提昇人的品
質，建設人間淨土」的理念，再以三大教育來達成此一
理念的實現，所以發揚漢傳的禪佛教，是法鼓山的命脈
所繫。❽

---

❼ 《華嚴心詮——原人論考釋》，頁 273。
❽ 〈中華禪法鼓宗〉，《承先啟後的中華禪法鼓宗》，頁 49。

## 二、以「心五四」為心靈環保的實踐方法

　　承前所述，聖嚴法師強調如來藏思想對其建設人間淨土的工程，扮演著非常重要的角色，如同在《自家寶藏》裡即說明其著眼點是在對時代的適應與實踐，並指出法鼓山在 1999 年推出的「心五四運動」，即是將如來藏與心靈環保、人間與淨土的關係做一結合。❶

　　聖嚴法師以其所提倡的「心五四運動」之內容做為對治貪、瞋、癡三毒的禪修方法，表明「心五四」不是一種口號運動，而是能解決人類最根本且核心的這三個問題，以及面對老、病、死的事實的實用方法。例如提出「四要」來對治「貪毒」、「四感」對治「瞋毒」、「四它」對治「癡毒」，並提到：「當以四福及四安，來增益人生，莊嚴人間的社會，莊嚴內心的世界。」❷

　　法師指出「心五四運動」的內容重點是：

　　　　是以人心觀念的改善為著眼，以社會環境的改善為目標，因此，我們法鼓山最先提出心靈環保的運

---

❶　《自家寶藏──如來藏經語體譯釋》，頁 8。
❷　同上註，頁 61-63。

動，接著配套推出禮儀環保、生活環保、自然環保
的運動，用來協助今日世界各國共同推動的環保意
識，並且提醒世人：環保的主要問題是在於自私的
人心所造成，擒賊宜先擒賊王，環保宜先從心靈的
正本清源做起，所以我們具體地提出了心五四運動
的主張。㉑

　　因此，聖嚴法師非常重視心靈的淨化，即是從「正
本清源」為主要的下手處，而且直接以對治人心的根本
三毒（貪、瞋、癡）為下手處，如此方是真正改善與提
昇今日與未來世界內外環境的重要觀念與方法。從這些
內容可知，法師以佛性如來藏的信仰為起始點，並將之
進一步轉化為一個新的名詞——「心靈環保」，以此
「心靈環保」為核心主軸，透過「心五四運動」為心靈
淨化的方法，積極推動與實踐法鼓山「提昇人的品質，
建設人間淨土」的理念。

　　綜合以上所陳，聖嚴法師所開展出的如來藏教法與
實踐方針，其真正的目的是要闡明法鼓山所傳禪法的精
神與內涵。此等，即是其在《承先啓後的中華禪法鼓

---

❷　同上註，頁63。

宗》中所言：以佛性如來藏爲核心，進而開展出「承」續佛陀緣起性空的核心精神，開「啓」適應現代社會、未來世界的「中華禪法鼓宗」之宗風。

## 第三章
# 總結：大師們的悲心願行

## 第一節　前言

　　在本書第一部的最後結語，筆者提及大師們對大乘
三系的判攝，皆是爲了解決近代漢傳佛教衰敗的困境。
經過本書第二部對聖嚴法師如來藏思想分期的整理，以
及第三部前段陳述其教法內涵與現代實踐後，筆者漸漸
深入體會到，法師一生的作爲，皆不離宗教師順應時代
因緣下的悲心與願行。

　　因此，筆者認爲要了解佛教的發展現象、思想演
變，乃至大師們的作爲，重點應扣緊當時代的背景因
緣。在整理與思考聖嚴法師如來藏思想與教法開展的過
程中，筆者相信在清末民初以來，漢傳佛教的衰微、三
系的論諍，皆不離教界對「如來藏」的判攝與定位此一
主軸。不論當代大師們持什麼樣的立場原則、提出什麼
樣的解決方案，筆者最終都視爲是展現了「大師們的悲

心」。因爲在面對大時代的動盪與漢傳佛教衰微的現象，從太虛至印順，甚至是聖嚴，都有一股想要解決當代困境、提出一個解決困境的方法的悲心切願。

是以，本書之末，將回歸大師們爲令「正法久住」的初發心與悲心切願，再次歸納統整三位大師之「三系」判攝，簡陳大師們對三系的標名定義、立足原則，以及最後所提出的解決方案等內容，以期能凸顯出聖嚴法師如何在融攝二位大師之見地下，漸漸開演出其獨特的如來藏教法與實踐，並對現代社會有所貢獻與提出前瞻性的依循方針。

## 第二節　太虛與印順的悲心願行

## 一、太虛大師安立「三宗」

太虛大師是民初以來，大眾所公認的對漢傳佛教有極大貢獻之重要人物。聖嚴法師在《比較宗教學》一書中，提及近世中國佛教界中，對大乘三大主流思想的分劃已頗有論諍。法師於文中指出太虛大師是依中國八大宗派之思想，分作三大主流，此三大主流標名在數次修訂，最後定案爲：法性空慧宗、法相唯識宗、法界圓覺

宗。❶其所含攝的宗派方面，「法性空慧宗」是以法空般若爲宗；「法相唯識宗」則以唯識法相爲本；除了前述的二大宗派之外，其他六宗皆屬於「法界圓覺宗」，並指出此宗的核心思想是「如來藏」，是站在「空有圓融」的本懷，也是三宗之中最爲圓滿的。以上，即是太虛大師對三系的標名定義，及其對三系的定位。

　　聖嚴法師認爲自清末以來國家多難，佛教也受到多方的摧殘，所以元氣大傷，放眼當時的世界佛教環境，覺得中國佛教已讓人感到衰弱、落伍。因此在民國初年始，即有太虛大師倡導革新運動。❷依此，筆者認爲太虛大師之標立三宗，即是看到當時代的衰微現象，而爲中國佛教的整體系統脈絡重新定義，並期待以此新的定位爲依準，來引導人們能夠正確地理解佛法，並且在具有正信的基礎下，能進一步指導實踐方針等。❸

---

❶　《比較宗教學》，頁 399。

❷　同上註，頁 426。

❸　編案：因杜老師全文重在聖嚴法師對印順長老之回應，對長老的三系有較多的說明，而對太虛大師的論述說明著墨不多，編者僅能整理出杜老師對太虛大師蜻蜓點水的說明如上。

## 二、印順長老安立「三系」

　　關於印順長老對印度佛教發展之判攝，筆者已於本
書第一部做了較詳細的說明，於此不再贅言。雖然印順
長老是太虛大師的學生，但對於老師三宗的判攝並不完
全接納。長老曾在《成佛之道》中，對當時代的佛教環
境如此慨嘆：

　　　　我們這個時代，佛法是這樣的衰弱，人生是這樣
　　　的苦惱，真正發菩提心的，應該是時候了！❹

　　筆者非常感動於長老於書中提到的一句話：「不忍
聖教衰，不忍眾生苦。」這是長老對佛教、對眾生深切
的「悲心」顯現，是「著重於悲願的發心」、強調「發
菩提心」的重要性。基於如此的發心，印順長老不同於
太虛大師以漢傳佛教為主軸立三宗，而是以溯源的方
式，回到印度佛教的源頭來看佛法的根本意趣，並以此
提出其三系標名：性空唯名系、虛妄唯識系、眞常唯
心系。

---

❹ 《成佛之道》增註本，頁 261-262。

長老提出其立此大乘三系的根本意趣是：

　　凡是圓滿的大乘宗派，必有圓滿的安立。一、由
　於惑業而生死流轉，到底依於什麼而有流轉的可
　能。二、由於修證而得大菩提，到底依於什麼而有
　修證的可能。❺

　　從長老三系的標名，筆者認為可從修行方法的偏
重、生死與涅槃之所依來理解之。「性空唯名系」修行
的方法，是以觀一切法皆是虛妄、假名安立，故稱「唯
名」，重在對「性空」的體證。「虛妄唯識系」指明一
切相唯有「識」，清楚了解「識」的深意後，最後重在
親證其「虛妄」不實，而能轉識成智。「眞常唯心系」
則依《勝鬘經》的論點：生死與涅槃，都是以「如來
藏」爲所依，而有空如來藏與不空如來藏的修行體證。
　　因此，修行者到底要依假名來修？依唯識來修？還
是依如來藏？聖嚴法師提及長老是以「性空」爲佛陀
之本懷，❻亦即是在三系中排在第一順位的「性空唯名

---

❺ 《無諍之辯》，頁 126-127。
❻ 〈中華禪法鼓宗〉，《承先啓後的中華禪法鼓宗》，頁 46。

系」，即以「中觀」、「性空」為中心，此才是真正回歸原始佛法的緣起論核心思想，才能真正挽救當時代佛教發展的困境。

## 第三節　聖嚴法師的悲心願行

## 一、三系標名遞嬗

相較於二位大師，聖嚴法師又是如何看待中國佛教的發展歷程呢？在〈承先啟後〉文中，法師提到漢傳佛教在隋唐鼎盛之際，沒有如來藏與神我的問題，因為大家對佛法都是信心十足的，但是到了宋、明以後，開始受到儒學的攻擊，而佛教內部亦出現以下的危機：

> 佛教漸漸衰微，研究佛學的人稀少，實踐佛法的人廖落，留下僧尼及寺院的空殼子，便與俗化的民間迷信合流了。……那也是我從小就講的：「佛教這麼好，知道的人這麼少，誤解的人這麼多。」❼

---

❼　同前註，〈承先啟後〉，頁 11。

　　從小生長在漢傳佛教衰微的大環境，法師內心一直
繫念著：「佛法這麼好，知道的人這麼少，誤解的人這
麼多」的初發心，並於閉關期間大量閱讀佛教經典、大
師們的著述，於 1969 年完成《比較宗教學》著述中，
首次提出其三系標名：般若中觀系、瑜伽唯識系、淨心
緣起系。❽

　　法師留日歸國後，於 1978 年〈唯心與唯名〉的演
講中略提三系的標名：眞常系、性空系、唯識系。於
1983 年〈序劉國香居士《語體文譯大方廣圓覺經》〉
一文中也略提爲：般若性空、唯識虛妄、如來藏實有。
更於 1987 年《明末佛教研究》中簡略爲：空、有、眞
常。至 1993 年後的三部著作中，方固定爲簡潔而單
純，不加任何修飾或形容的字句，直接的標名爲：中
觀、唯識、如來藏。❾

　　從三系標名的演變過程可發現，晚年的聖嚴法師不
僅回歸佛教思想發展的核心義理，亦不做任何高低、輕
重等判攝，足見到其成熟而獨立的思想脈絡。

---

❽　這部分的說明，可參考本書第二部第三章結語之內容。
❾　編案：相關說明已於第二部第四章內文中解說。參見表五。

## 二、融合二師以立宗

面對民初時期漢傳佛教「經懺佛事」過度的鬼神化
現象，當代大師們都為此提出可能對治的方法。法師於
〈中華禪法鼓宗〉一文中對於印順長老的三系及其與太
虛大師的不同，做如下的分析：

> 印順長老是依據經論思想而分析，不是以一宗
> 一派作為歸類，他是回到印度佛教的源頭予以釐
> 清。……但是，印順長老並沒有把《阿含經》當成
> 最高的佛教，他以「性空唯名」的中觀大乘佛法為
> 佛的本懷，這跟太虛大師的想法以「法界圓覺（如
> 來藏）」的空有圓融為本懷是不同的。❿

從法師於文後亦提及：二位大師都是思想家，但沒
有組成持續而普及的教團，筆者認為二位大師即因此而
無法發揮更深遠的影響力，那法師又是如何看待自己所
立的三系觀點呢？法師表明除了參考二位大師的偉大思
想外，更是：

---

❿ 同上註，〈中華禪法鼓宗〉，頁 46。

　　站在現代人所見漢傳禪佛教的立足點上，希望把
印度佛教的源頭以及南北傳諸宗的佛法作一些溝
通，因為我所見、所知漢傳禪佛教的特色，就是釋
迦牟尼佛化世的本懷。⓫

　　在筆者的理解，法師不僅參照近代大師的觀點、以
漢傳的禪佛教為立足點，而且重視與現代國際佛教，
以及與各宗教溝通的功能，其在《華嚴心詮》更直接
表明：

　　我的任務，是將內外大小的各家觀點，中觀、瑜
伽、如來藏三系的思想脈絡，一一查出原委，一一
予以貫通，一一釐清其思想史的軌跡，一一還歸其
功能作用，一一導歸於佛陀的本懷。⓬

　　是以，在對聖嚴法師的如來藏思想與實踐的多年研
究與釐清後，筆者認為聖嚴法師是本著其一向的態度：
「佛法這麼好，誤解的人那麼多」，其一生即是極盡可

---

⓫　同上註，頁 46。
⓬　《華嚴心詮──原人論考釋》，頁 6。

能地以白話易懂的方式，讓世人能對佛法有更正確的認
識與理解，並努力將大家所誤解的內涵，以他個人在禪
法上的實修、豐富的教學經驗，漸漸演繹出其獨特的如
來藏教法，用以適應和對治現代社會的需要，並做為未
來世界佛教的核心主軸。藉此，亦化解了一些自古以來
對大我如來藏的誤解與誤執，真正朝向實證不離緣起空
義的無我如來藏前進。

## 第四節　結語

　　以上簡要陳述大師們對近代漢傳佛教的「衰敗」與
「誤解」等現象，如何做時代性的詮釋，並以之做為教
法與實踐的依準。研究至此，筆者認為或可以「予藥
喻」來看待之，亦即對同一病症，在不同階段配予不同
的處方。宛如在病症初發嚴重時，醫者配予較重的藥
方，以求盡速止住惡化的現象。當病症漸緩、進入中期
階段，若再服用同樣的藥方，就已不適宜了。再者，於
病症快痊癒時，倘尚在服用同樣的藥方，則更不恰當。
所以，同樣的病，在三個不同的時期，所給的處方應該
是不同的，即便是同一脈絡的處方，也應依病勢而有輕
重不同的搭配。

　　以此「予藥喻」來回顧大師們的悲心願行，筆者認為不應有孰是孰非的批判，而應視為是在時空因緣下，各有偏重不同的選擇而已。在清末民初佛教極度神鬼化的時代，印順長老對如來藏的批判宛如下了重藥，這是針對當時的因緣環境而說，在當時的確是對症下藥的。但，若以聖嚴法師後來所面對的現代社會，以及漢傳佛教日漸復興與發展來看，若完全引用印順長老所下的藥，就顯得太重了。因此，筆者認為，聖嚴法師為何近年來，不斷修正對當代佛教的看法，也提倡許多不同的現代詮釋與對治方法，其實是法師懂得針對不同的狀態，開出適應當代的不同處方，以期能真正對治與因應現代及未來世界的問題與發展趨勢。

　　本書全文從第一部所提出的問題意識出發，經由第二部梳理聖嚴法師如來藏學思歷程的分期後，綜合整理出第三部中，法師如來藏教法的內涵及其現代實踐之研究成果。這些研究成果對這個時代的意義而言，對法鼓山內部來說，是提供了未來依循的核心理念與路線；對外部社會來說，則以之做為法鼓山與外界互動、對話的具體觀念與方法。這二者，筆者認為即達到了破解教內教外長期以來對佛教、對如來藏的誤解、誤執，再次將佛教現在與未來的發展導歸於禪宗所重視的不離空義的

「覺性」、「佛性」的究竟之道。至此，筆者欲借用法師於《華嚴心詮》曾用的話做一結語：

聖嚴法師對如來藏提出的回應與解決方案，筆者認為真的是：「大哉妙門，至極之說！」意即：「好！講到這裡，講得真好！」真的是「大哉妙門」。筆者已經沒有辦法再做批判——「至極之說」。筆者認為法師確實真的是解決了當代的很多疑團，而且不但解決了疑團，也提供了一個實證方法、提供了教判的方式。

最後，筆者不揣淺陋先行拋磚撰寫本書，以期引玉，希望能有後來者將聖嚴法師「承先啟後」的理念繼續往下推展，對如來藏或是如來藏的教法與實踐，能夠更完整地「承先啟後」漢傳禪佛教。

智慧海 63

# 如來寶藏——聖嚴法師的如來藏思想研究
The Treasure of Tathāgata: A Research of Master Sheng Yen's
Thought on Tathāgatagarbha

| | |
|---|---|
| 著者 | 杜正民 |
| 編者 | 釋常慧 |
| 出版 | 法鼓文化 |
| 總監 | 釋果賢 |
| 總編輯 | 陳重光 |
| 編輯 | 張晴 |
| 封面設計 | 化外設計 |
| 內頁美編 | 小工 |
| 地址 | 臺北市北投區公館路186號5樓 |
| 電話 | (02)2893-4646 |
| 傳真 | (02)2896-0731 |
| 網址 | http://www.ddc.com.tw |
| E-mail | market@ddc.com.tw |
| 讀者服務專線 | (02)2896-1600 |
| 初版一刷 | 2018年6月 |
| 初版二刷 | 2018年6月 |
| 建議售價 | 新臺幣220元 |
| 郵撥帳號 | 50013371 |
| 戶名 | 財團法人法鼓山文教基金會—法鼓文化 |
| 北美經銷處 | 紐約東初禪寺 |
| | Chan Meditation Center (New York, USA) |
| | Tel: (718)592-6593  Fax: (718)592-0717 |

法鼓文化

國家圖書館出版品預行編目資料

如來寶藏：聖嚴法師的如來藏思想研究 / 杜正民
著. -- 初版. -- 臺北市：法鼓文化, 2018. 06
面；　公分
ISBN 978-957-598-784-8 (平裝)

1.釋聖嚴 2.大乘佛教 3.佛教哲學

220.133                               107006438